社会人の常識がよくわかる

ビジネスマナー

Business Manners

監修 クレスコパートナーズ

日本文芸社

ビジネスマナーの大切さ

ビジネスにおいて、マナーは社会人が必ず身につけておかなければならない基礎的なスキルです。

ビジネスマナーというと「ご機嫌とり」「仕事に関係ないが知らないと恥ずかしいもの」などのイメージをもっている人が多いかもしれませんが、実際は違います。ビジネスマナーは、業務の進行や、会社存続のために必要不可欠なものなのです。

専門機関の研修やマナー解説書、インターネットなど、社会人がビジネスマナーを学ぶ機会は以前よりも

格段に増えました。その一方、さまざまな情報に翻弄《ほんろう》され、何が正しいマナーなのかわからない社会人があふれているのも現状です。

　ビジネスマナーでいちばん大切なことは、取引先も上司も同僚も関係なく、常に相手のことを考え、配慮し、優先するという考え方です。

　顧客優先の考え方で仕事に臨み、常に自分に関係する相手のことを考え、相手の望むことをしてあげることがすなわち、ビジネスマナーであるといえます。この考え方が根本にあれば、個々のマナーを覚える必要はありません。

　本書で紹介している内容を読みながら、顧客優先の考え方を理解し、あらゆる場面で柔軟に対応できるビジネスマナーを身につけましょう。

社会人としての心がまえ

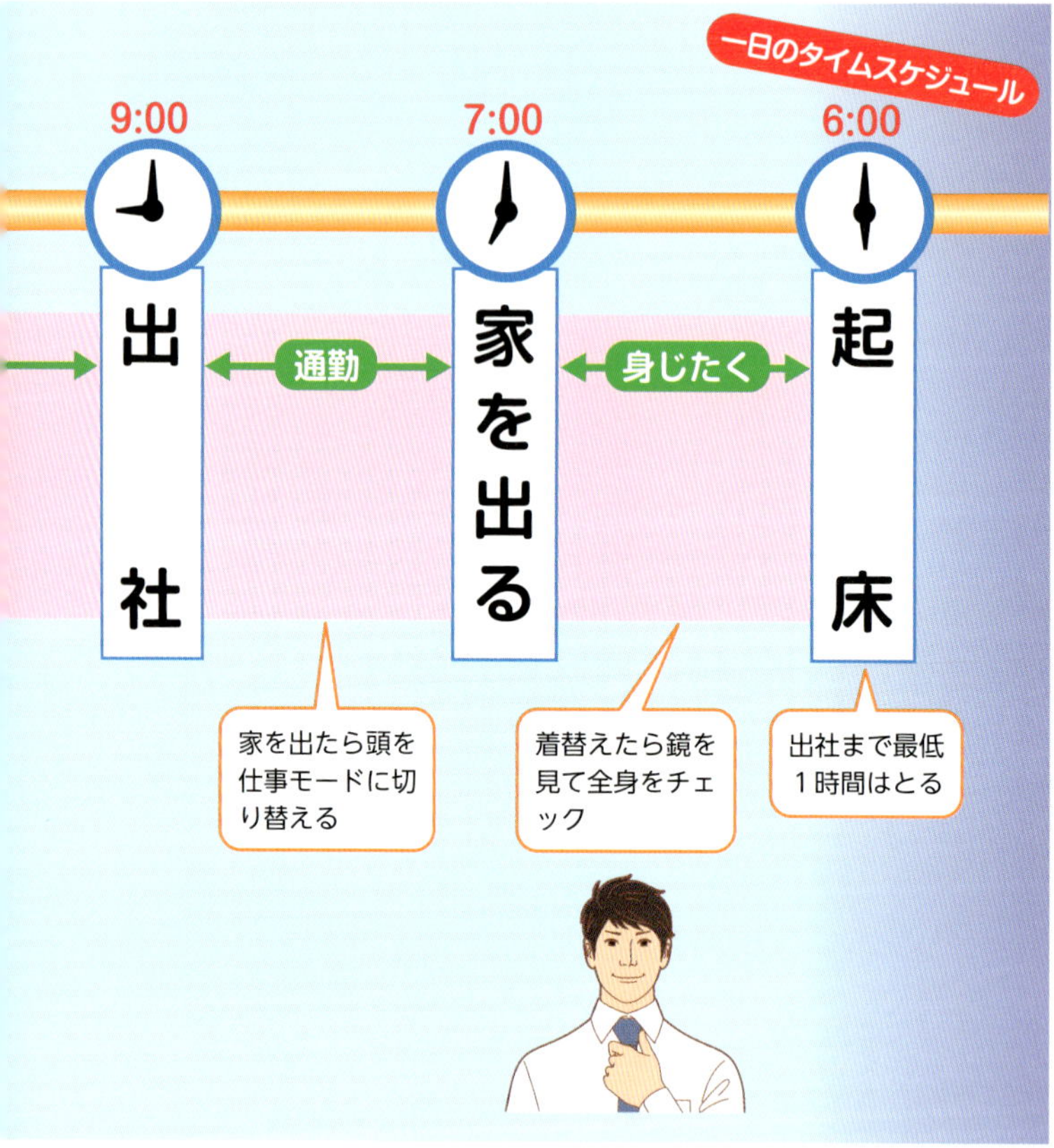
一日のタイムスケジュール
6:00
起床
出社まで最低1時間はとる
身じたく
7:00
家を出る
着替えたら鏡を見て全身をチェック
通勤
9:00
出社
家を出たら頭を仕事モードに切り替える

社会人と学生とのもっとも大きな違いは、一日の大半を占める活動が「勉強」から「仕事」になるということです。社会や組織の一員である以上、守らなければならないルールがあり、自分の行動や態度には責任をもつ必要があります。学生のときは許されていた行動も、社会人が行うと責任を問われることがあります。

そのほかにも、解決しなければならない問題が増えたり、他者との共同作業が必要になったりするなど、学生のときよりもはるかに高いレベ

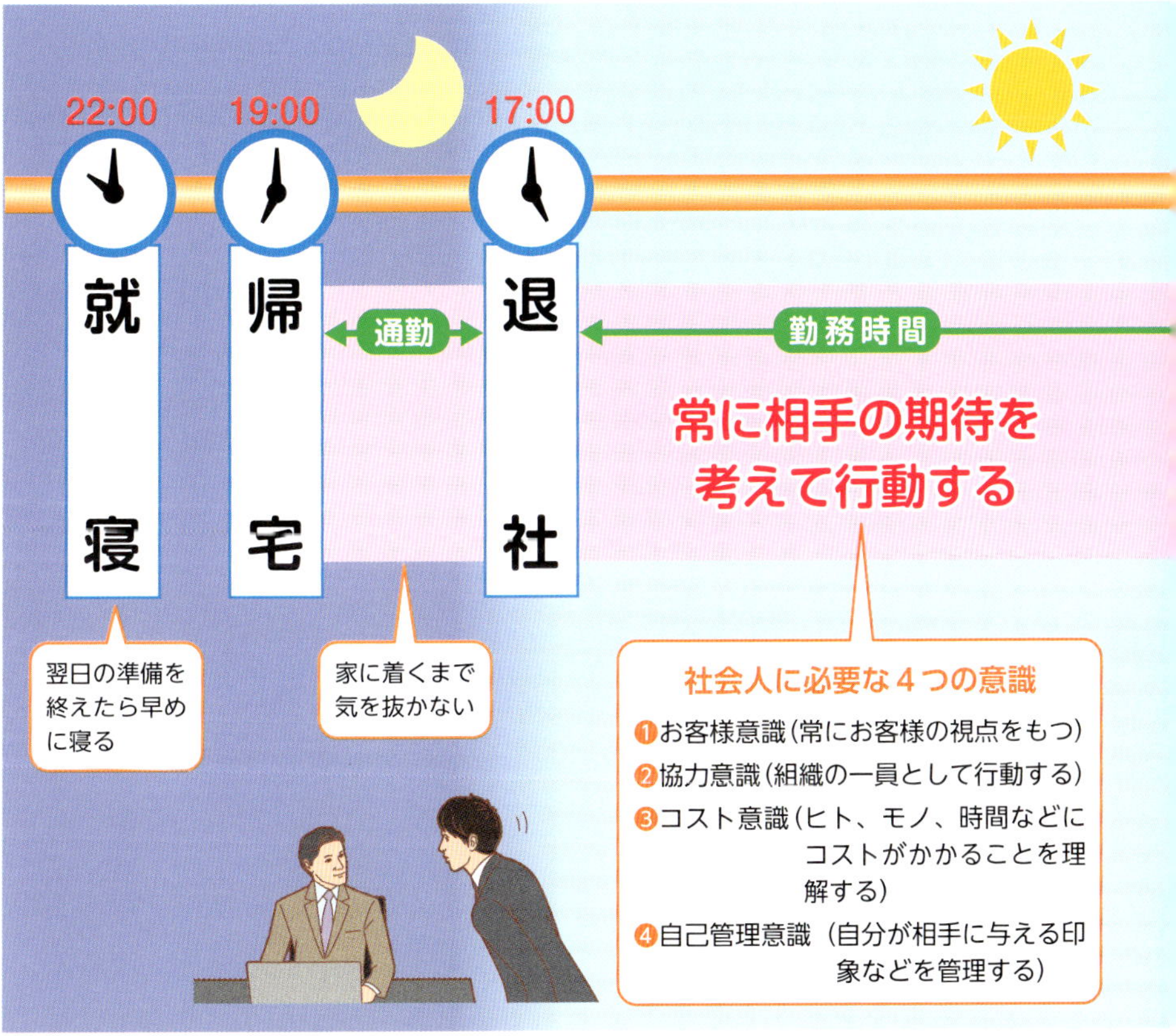

ルの知識やスキル、コミュニケーション能力などが求められます。

しかし、過度に身構える必要はありません。しっかりと基本を踏んでいけば、それらは必ず身につけることができるものなのです。

上図は、一日のタイムスケジュールの例です。社会人には臨機応変な対応が求められる場面が多くあります。そのため、一日の流れを頭に入れておき、先を見越した行動をとれるように、常に余裕をもって行動することが大切です。

あなたは会社を動かす原動力です。いつでも自分の能力を最大限に発揮できるよう、今のうちから規則正しい生活習慣を身につけておきましょう。

本書のポイント

本書には、ビジネスマナーを効率的に習得できるしかけがたくさん盛り込まれています。すべてに目を通し、ビジネスマナーをもれなく習得しましょう。

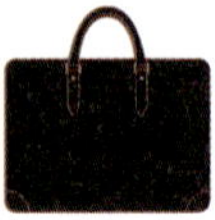

イラストでイメージしやすい！

豊富なイラストにより、さまざまな状況や場面でどのように行動すればいいのかがひと目でわかります。

図解で全体像がわかる！

行動の流れやポイント、ビジネスツールの種類などを整理して理解でき、ビジネスマナーの全体像がわかります。

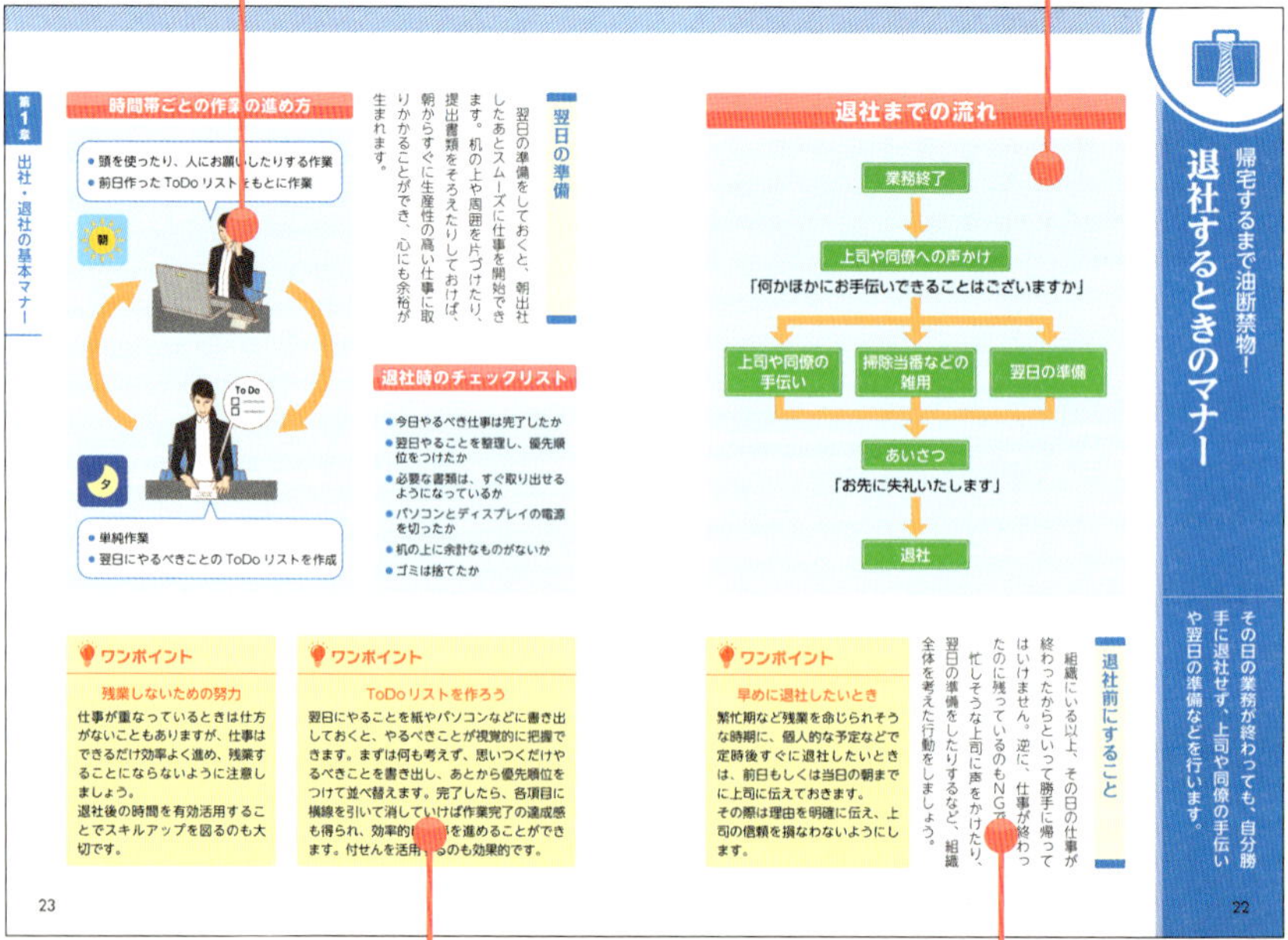

帰宅するまで油断禁物！

退社するときのマナー

その日の業務が終わっても、自分勝手に退社せず、上司や同僚の手伝いや翌日の準備などを行います。

退社までの流れ

業務終了

上司や同僚への声かけ

「何かほかにお手伝いできることはございますか」

上司や同僚の手伝い

掃除当番などの雑用

翌日の準備

あいさつ

「お先に失礼いたします」

退社

退社前にすること

組織にいる以上、その日の仕事が終わったからといって勝手に帰ってはいけません。逆に、仕事が終わったのに残っているのもNGです。

忙しそうな上司に声をかけたり、翌日の準備をしたりするなど、組織全体を考えた行動をしましょう。

ワンポイント

早めに退社したいとき

繁忙期など残業を命じられそうな時期に、個人的な予定などで定時後すぐに退社したいときは、前日もしくは当日の朝までに上司に伝えておきます。
その際は理由を明確に伝え、上司の信頼を損なわないようにします。

22

第1章

出社・退社の基本マナー

翌日の準備

翌日の準備をしておくと、朝出社したあとスムーズに仕事を開始できます。机の上や周囲を片づけたり、提出書類をそろえたりしておけば、朝からすぐに生産性の高い仕事に取りかかることができ、心にも余裕が生まれます。

時間帯ごとの作業の進め方

朝

- 頭を使ったり、人にお願いしたりする作業
- 前日作ったToDoリストをもとに作業

夕

- 単純作業
- 翌日にやるべきことのToDoリストを作成

退社時のチェックリスト

- 今日やるべき仕事は完了したか
- 翌日やることを整理し、優先順位をつけたか
- 必要な書類は、すぐ取り出せるようになっているか
- パソコンとディスプレイの電源を切ったか
- 机の上に余計なものがないか
- ゴミは捨てたか

ワンポイント

残業しないための努力

仕事が重なっているときは仕方がないこともありますが、仕事はできるだけ効率よく進め、残業することにならないように注意しましょう。
退社後の時間を有効活用することでスキルアップを図るのも大切です。

ワンポイント

ToDoリストを作ろう

翌日にやることを紙やパソコンなどに書き出しておくと、やるべきことが視覚的に把握できます。まずは何も考えず、思いつくだけやるべきことを書き出し、あとから優先順位をつけて並べ替えます。完了したら、各項目に横線を引いて消していけば作業完了の達成感も得られ、効率的に仕事を進めることができます。付せんを活用するのも効果的です。

23

ミニコラムでより深い知識を得られる！

テキストや図解で説明しきれなかったポイントを補足しているので、社会人に必要なビジネスマナーをもれなく確認することができます。

テキストで考え方がわかる！

具体的に行動する際の指針となる、ビジネスマナーの基本的な考え方や心がまえをテキストで説明しています。

ビジネスマナーがわかるミニコラム

本書には、ビジネスマナーをより深く理解するためのミニコラムが豊富に盛り込まれています。

テキストを読んで基本的な考え方がわかったら、ミニコラムもチェックし、さまざまな場面に対応できるようにしましょう。

ワンポイント

ワンランク上のマナー

知っておくと役立つ、一歩進んだビジネスマナーを紹介します。

実践すれば周囲の人からの印象を高めることができ、自分の仕事をスムーズに進めることもできるでしょう。

会社の常識！

社会人必見のルール

新入社員が見落としがちな、会社での常識を解説しています。自分が思っている「会社像」と実際の会社とのギャップを、ここで解消しておきましょう。

こんなときどうする？

困ったときの対応方法

新入社員が対応に悩みやすい場面を取り上げ、対応方法をQ&A方式でわかりやすく解説しています。わかったつもりで行動するのがいちばん危険です。ぜひ目を通しておきましょう。

注意

見落とすと危ないポイント

社会人として気をつけなければならないことや、してはいけないことを解説しています。

関係者に悪い印象を与えないよう、仕事をする前にぜひ頭に入れておきましょう。

Contents

はじめに

ビジネスマナーの大切さ……2
社会人としての心がまえ……4

本書のポイント……6

第1章 出社・退社の基本マナー

ビジネスマナーの基本要素……14
出社するときのマナー……16
退社するときのマナー……22
コラム スーツやシャツのお手入れ……26

第2章 社内での基本マナー

社内でのマナー……28
デスク周りの整理整頓……30
効率的なパソコンの使い方……32
デジタルツールの使い方……34

共有スペースで気をつけること……36
書類やデータの管理方法……38
休憩・昼食のとり方……40
会社の組織や制度を知る……42
会社の信用の重要性……44
セクハラ・パワハラを防ぐ……46
コラム 新入社員の悩み〈職場編〉……48

第3章 日常業務・会議・トラブルのマナー

顧客を意識した仕事の進め方……50
業務の基本的な流れ……52
業務の効率化を図る……54
雑務・雑用の進め方……56
「報連相」を適切に行う……58
会議の進め方と参加の心得……64
ミスやトラブルへの対応方法……68
上司や先輩に叱られたら……70
コラム あると役立つ便利グッズ……72

第4章 対面コミュニケーションのマナー

コミュニケーションの基本 …… 74
仕事を円滑に進める話し方 …… 76
仕事を円滑に進める聞き方 …… 80
クッション言葉の基本 …… 84
正しい敬語の使い方 …… 88
コラム 上司や先輩との会話のヒント …… 94

第5章 電話・FAXのマナー

電話応対の流れ …… 96
電話の取り方 …… 98
電話のかけ方 …… 102
携帯電話の使い方 …… 106
クレーム対応法の基本 …… 110
FAXの使い方 …… 114
コラム 新入社員の悩み〈電話応対編〉 …… 116

第6章 文書・メール・封書のマナー

文書やメールの基本 …… 118
ビジネス文書の種類と用途 …… 120
ビジネスメールの作り方 …… 122
社内文書の作り方 …… 126
社外文書の作り方 …… 132
はがき・封書の書き方 …… 138
お礼状の書き方 …… 140
お詫び状の書き方 …… 142
コラム 仕事に生かせる新聞の読み方 …… 144

第7章 接客・訪問のマナー

接客・訪問の心がまえ …… 146
接客・訪問の事前準備 …… 148
来客時の案内のしかた …… 150
訪問時の受付のしかた …… 152
お辞儀のしかた …… 154
名刺の受け方・渡し方 …… 156

人物紹介の進め方……158
席次を覚える……160
見送り・退出のしかた……162
宴会のマナー……164
出張の基本と準備……168
コラム 新入社員の悩み〈接客・訪問編〉……170

第8章

冠婚葬祭のマナー

冠婚葬祭の基礎知識……172
慶事のマナー……174
パーティーや接待でのマナー……176
テーブルマナーの基本……178
訃報への対応……180
通夜・告別式でのふるまい……182
贈答品のマナー……184
社内行事への参加……186
コラム 便利な名刺管理のコツ……188

索引……191

第1章

出社・退社の基本マナー

Keyword

- ビジネスマナー
- プレーンノット
- 第一印象
- ナチュラルメイク
- 身だしなみ
- ToDoリスト

社会人として身につけておきたい
ビジネスマナーの基本要素

社会人に必須のビジネスマナー。その意味を正しく理解し、スムーズに仕事を始めましょう。

ビジネスマナーの意味

ビジネスにおけるマナーは、対人関係の潤滑油であり、仕事をスムーズに進めるために必要なものです。正しいマナーを身につけていれば、自分や会社の印象をよくし、結果的に業績アップにつなげることができます。

社内だけではなく社外でもマナーを意識し、相手や状況に合わせた臨機応変な対応を心がけましょう。

ワンポイント

印象の重要性

仕事をスムーズに進行させるには、清潔感のある身だしなみ、明るい表情、謙虚な態度、正しい言葉遣いを心がけ、印象をよくすることが大切です。

ビジネスコミュニケーションの5大要素

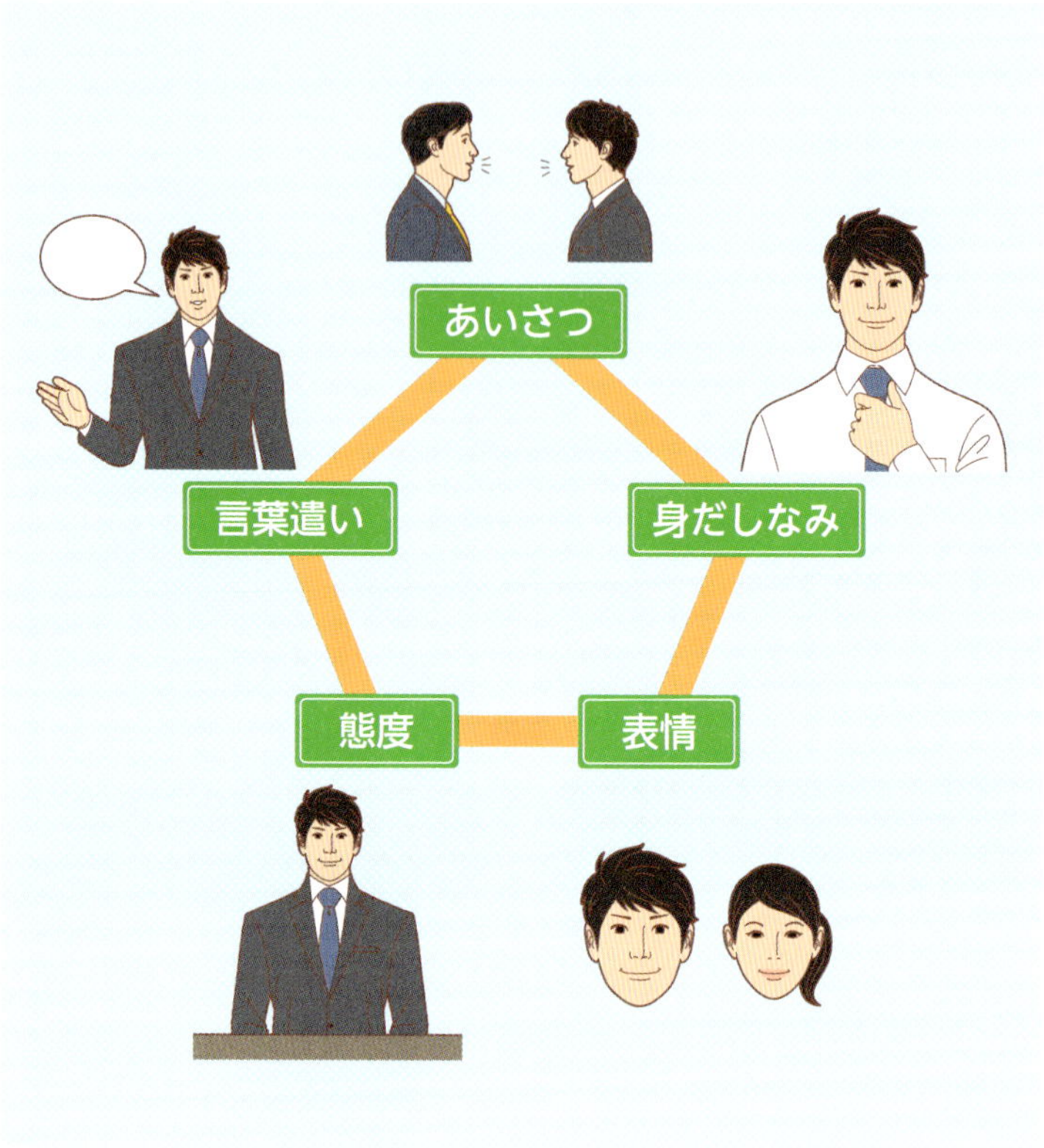

第一印象を決定する３大要素

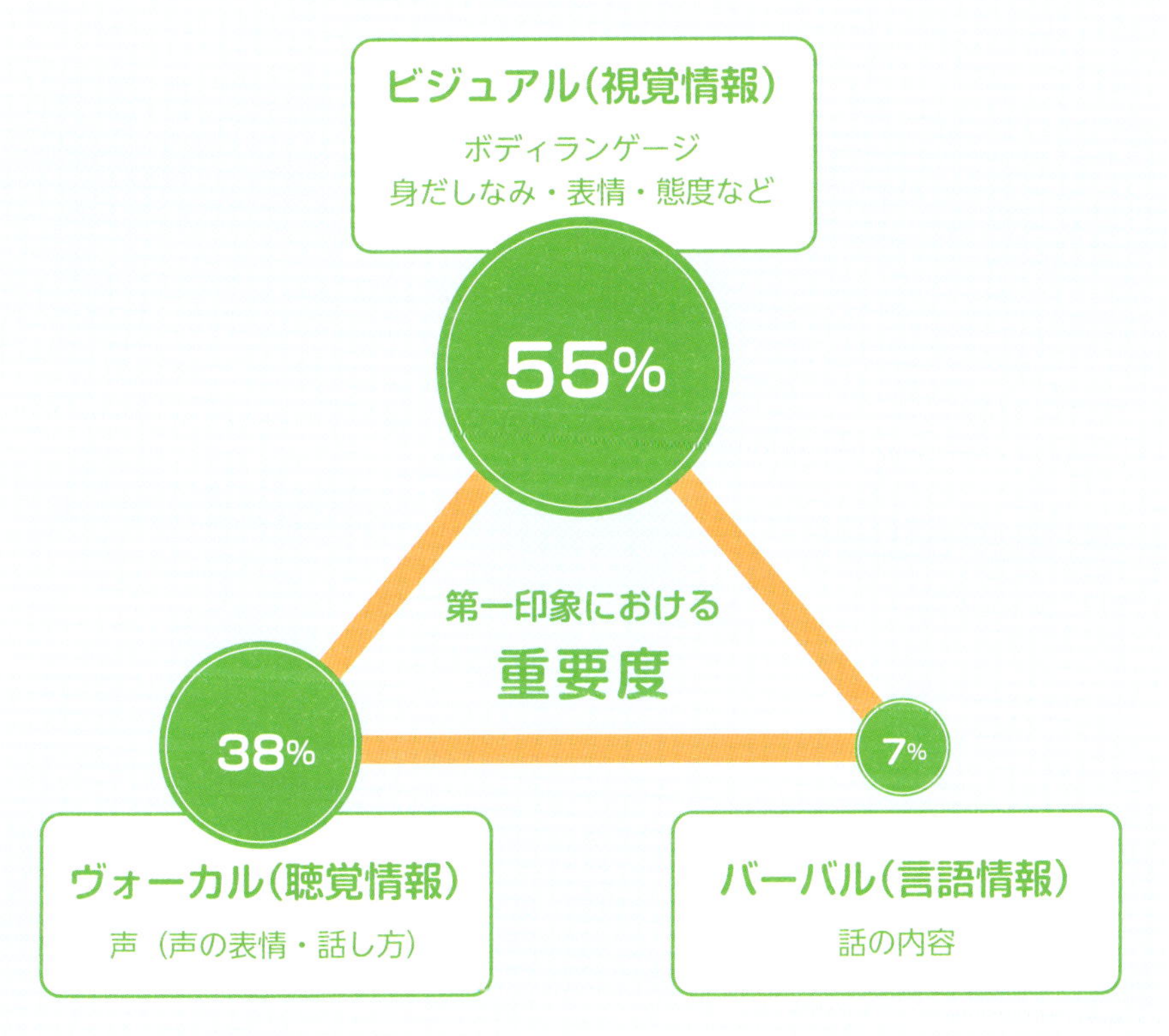
ビジュアル（視覚情報）
ボディランゲージ
身だしなみ・表情・態度など
55%
第一印象における
重要度
38%
7%
ヴォーカル（聴覚情報）
声（声の表情・話し方）
バーバル（言語情報）
話の内容

第一印象をよくするために

新入社員には職歴や知識がなく、技術なども備わっていないため、第一印象が重要となります。メリハリのある動きと、明瞭な発声を心がけ、要点を簡潔に話せば、上司からの信頼を得られ、今後の仕事がやりやすくなります。

まずは第一印象が重要だということを頭に入れ、他人に与える印象を意識しながら行動することから始めましょう。

ビシッと決めて会社モード！
出社するときのマナー

朝はダラダラせず、気持ちを仕事モードにすばやく切り替え、元気に出社しましょう。

出社前の身だしなみチェック（男性編）

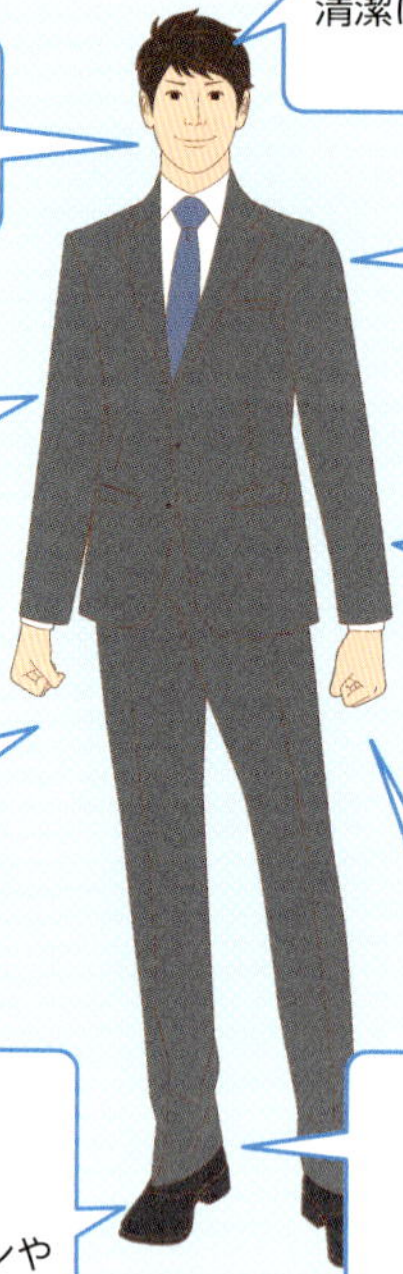

髪
清潔にし、整髪料はつけすぎず、自然に整える
顔
ひげをそり、清潔に保つ
ネクタイ
たるみや汚れがないかを確認し、首元できちんとしめる
シャツ
襟や袖に汚れがないかを確認し、アイロンをかけてシワをとる
アンダーシャツ
ワイシャツに色や柄が透けていないかを確認する
ベルト
バックルが体の中心にくるようにつける
爪
短く切りそろえる
靴
黒や暗めの茶などの色を選び、定期的にブラシやクリームで磨いてツヤを保つ
靴下
黒や紺、茶で、無地か地味な柄のものを選ぶ（スーツと靴の色に合わせる）

小物の選び方

フレームは太いものや個性的なデザインのものは避ける
色は黒や茶など、控えめで目立たないものにする
レンズは無色透明がよい

文字盤の色は黒、白、銀など一般的なものを選ぶ
ベルトは革製（黒・茶）、または金属製（銀）
装飾が多く派手なものは避ける
大きすぎたり、高価なものは避ける

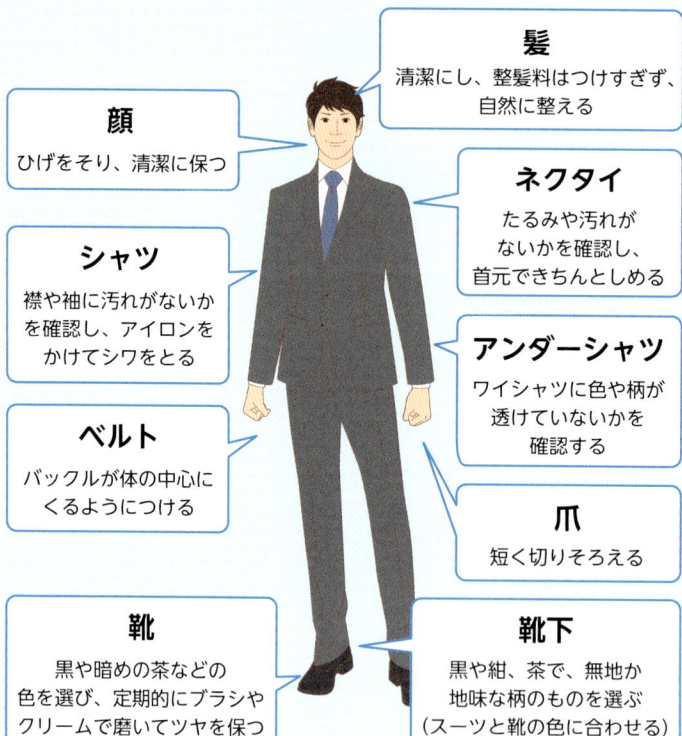

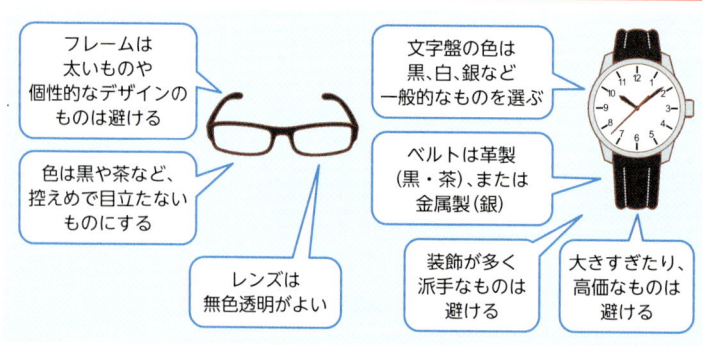

スーツの選び方

おしゃれである必要はありません。3つボタンのシングルスーツが無難です。業務が快適にこなせるよう、季節ごとに適切な素材を選びましょう。

会社の常識!

スーツは最低2着用意し、1日ごとに替えるとよいでしょう。服装をおろそかにすると勤務態度まで悪く見られがちなので、趣味に使うお金を減らしてでも複数用意しておきましょう。

シャツの選び方

アイロンがけは必須です。形態安定加工シャツでもよいでしょう。無地の白シャツが無難ですが、淡いブルーのカラーシャツや遠目で見て白く見える程度のチェック、ストライプなどの柄シャツでも問題ありません。

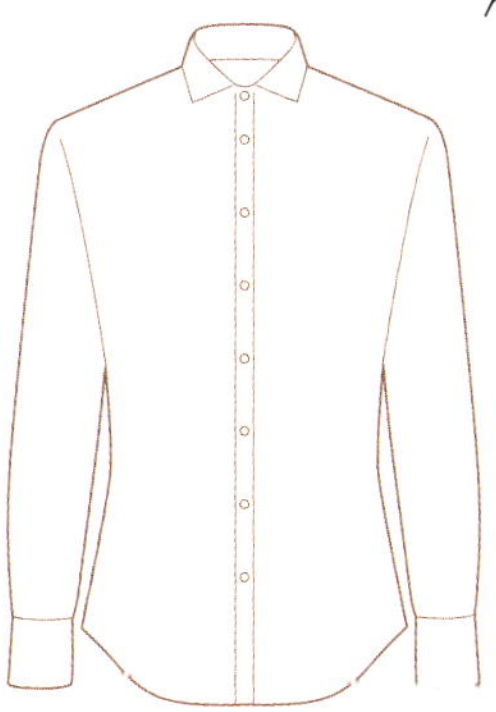

ワンポイント

アンダーシャツ

Tシャツで代用せず、紳士用の肌着を着用しましょう。高価でなくてもよいので、通気性・速乾性に優れ、動きやすいものを選ぶとよいでしょう。色は白で、無地のものが無難です。

ネクタイの選び方

スーツに合わせた色を選び、派手な色や柄のものは避けます。無地やストライプ、ドット（水玉）などが無難です。誠実な印象を与えるものを選びましょう。

ネクタイの結び方

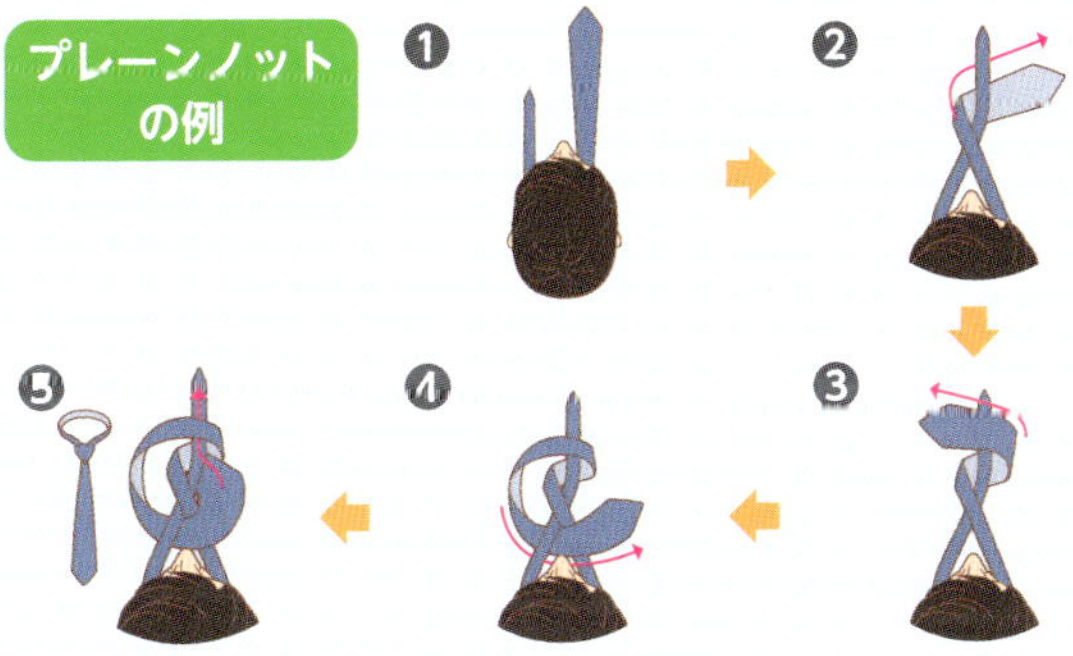
プレーンノットの例
❶
❷
❸
❹
❺

出社前の身だしなみチェック（女性編）

顔
濃すぎず健康的に見える
ナチュラルなメイクにする
（左ページ参照）

シャツ・ブラウス
襟や袖に汚れがないかを確認し、
アイロンをかけてシワをとる

香水
つけないのが基本
つける場合は微香のものを
少なめにつける

靴
中程度の高さのヒールのものを選び、
汚れのないように磨いておく
（5センチ前後のヒールが美しく見える）

髪
- 顔にかからないよう、長ければまとめる
- 基本は黒、染める場合は日本ヘアカラー協会７番までの染色に抑える※

※協会がつくった染色の明るさの基準、レベルスケールで７以下にする

爪
- 仕事に適した長さに整え、マニキュアは薄いピンクなど目立たない色にする
- ネイルアートはビジネスには不適切

ストッキング
自然な色（ナチュラル系）
のものを選び、
伝線やたるみがないかを
確認する

髪のまとめ方

前髪が長いと表情が隠れ、暗い印象を与えるので、すっきりまとめましょう。

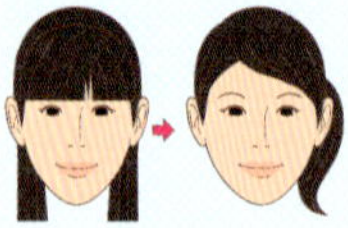

小物の選び方

ネックレス
細めのチェーンで、小さくシンプルなデザインのものを選びましょう

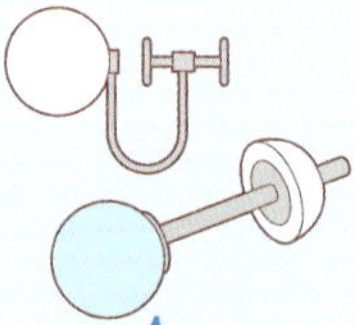

イヤリング・ピアス
小さめで目立たず、ゆれないものを選びましょう

時計
文字盤は白もしくは銀、ベルトは革製か金属製で、地味な色合いのものを選びましょう

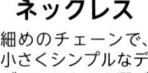

最適なオフィスメイクの仕方

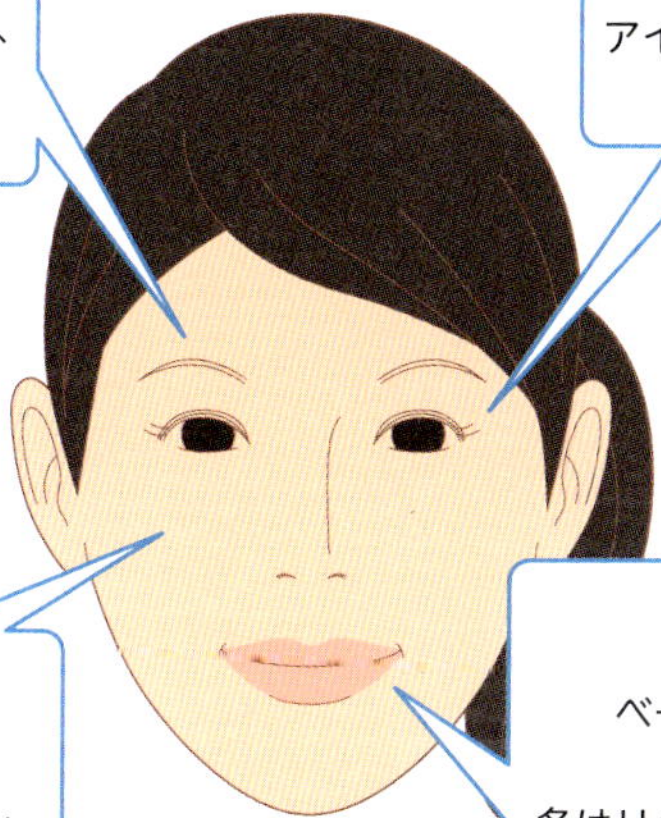
眉毛
ゆるやかなカーブを描き、やさしい印象を与えるようにする
目元
アイシャドウやつけまつげ、マスカラは控えめに
チーク
明るい印象を与えるように、うっすらと色みをもたせる程度にする
口元
ベージュやピンクなど自然な色にし、冬はリップクリームを塗るなど乾燥対策を忘れずに

ワンポイント

爪の手入れ

適切な長さに切り、清潔にしておきます。マニキュアは薄いピンクなど肌に近い色のものを選びましょう。ネイルアートやつけ爪はビジネスの場にそぐわず、業務にも支障をきたします。

注意

ノーメイクはNG

職場ではきちんとメイクをするようにしましょう。ノーメイクで臨むと、仕事への態度を疑われることがあります。メイクののりは体調に左右されますので、普段から健康的な生活を心がけましょう。

着ていく服の選び方

職場にふさわしい、落ち着いた色や素材のものを選びましょう。先輩社員の服装を参考にするのもよいでしょう。

着ていく服の選び方

スカート
座ったときに膝が少し隠れ、露出が少ないものを選ぶ
シャツ・ブラウス
派手でなく、抑えめの色と形のものを選ぶ
ジャケット
ボディーラインが目立たないものを選ぶ

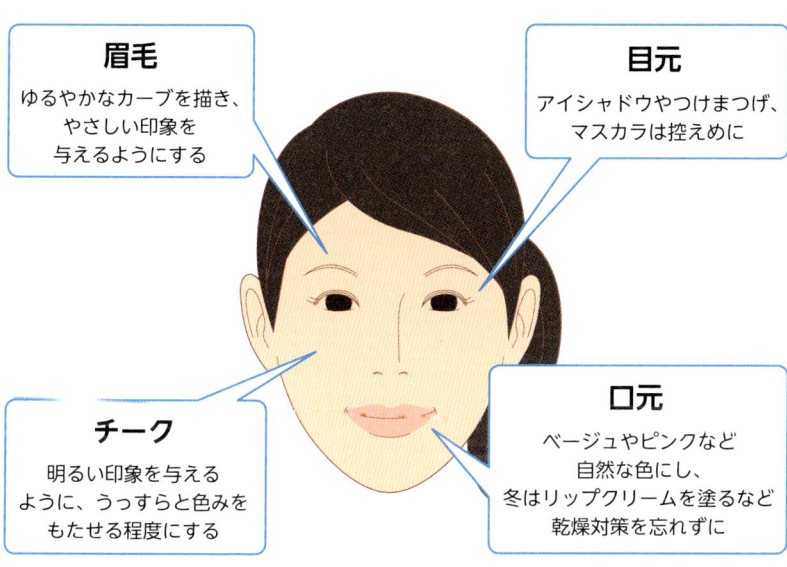

出社前の持ち物チェック

自宅を出る前には必ず持ち物を確認しましょう。特に名刺入れの確認は必須です。名刺がきれていないかも確かめます。仕事に使う重要な書類などは、忘れないように十分注意しましょう。

いずれも、派手なデザインや素材は避け、いつ取り出しても相手に不快感を与えないものを選びます。

カバンの選び方

リュックサックなどアウトドア用のものは、ビジネスに不向き

- 色は黒や茶が無難
- 型崩れしにくい素材を選ぶ

- A4サイズの書類が入る大きめのものを選ぶ

- 軽めでしっかりしていて、機能的なものがよい

名刺入れの選び方

素材 革製もしくは合成皮革

柄 無地が基本

色 控えめで落ち着いたもの（黒、紺、こげ茶など）

デザイン

- 上ぶたがついているもの
- ふたにボタンや金具など装飾のあるものは避ける
- 大きなロゴの入ったブランド品は避ける

しまう場所

- 男性は背広の内ポケット
- 女性はカバンの中

持ち物チェックリスト

- □ 携帯電話・スマートフォン
- □ メモ帳・手帳
- □ ペン
- □ 定期・ICカード
- □ 財布
- □ 時計
- □ 名刺入れ
- □ ハンカチ・ティッシュ

携帯電話・スマートフォンの設定

- 派手なカバーやストラップはつけない
- シンプルな壁紙に設定しておく
- 交通機関内ではマナーモードにする
- ゲームやエンタメなどのアプリがすぐに起動しないようにしておく
- 業務中にプライベートな目的で使用しない
- 時計代わりにしない

余裕をもって出社しよう

遅刻は厳禁です。交通機関の遅延などは言い訳になりません。リスクマネジメントのためにも早めの行動を心がけ、始業時刻より少し早めに出社しましょう。

出社したら、一日の作業予定を整理・確認するなど、その日の仕事が効率よく進むように準備します。

ワンポイント

複数の通勤手段を把握しておく

遅延や運休などが起きたときに別のルートで出社できるよう、複数の通勤手段を把握しておき、突発的な事態に備えましょう。

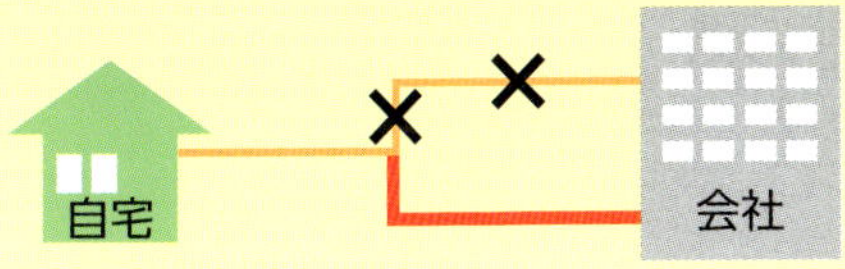
自宅
会社

時間に余裕をもつためのポイント

- 目覚まし時計は忘れずにセット
- 持ち物の準備は前日に済ませておく
- 遅くとも始業時刻の10分前には会社に着くように早めに家を出る
- 家を出る前に交通機関の遅延や運休などがないかを確認する

注意

遅刻は事前に連絡を

遅刻することがわかったら、その時点で会社へ電話を入れます。
誰も出ないときは、遅くとも始業5分前までには会社に連絡します。
電車などで移動中の場合は、いったん降車してから電話しましょう。

交通機関でのマナー

じゃまにならないようにカバンを持つ
座席に荷物を置かない
駆け込み乗車や割り込みをしない
車内で飲食をしない
車内でメイクをしない

移動時間も、社会人としての自覚を忘れてはいけません。社会の人すべてが気持ちよく生活できるようにマナーを大切にしましょう。交通機関でも周囲の人への配慮が必要です。

帰宅するまで油断禁物！

退社するときのマナー

その日の業務が終わっても、自分勝手に退社せず、上司や同僚の手伝いや翌日の準備などを行います。

退社前にすること

組織にいる以上、その日の仕事が終わったからといって勝手に帰ってはいけません。逆に、仕事が終わったのに残っているのもNGです。

忙しそうな上司に声をかけたり、翌日の準備をしたりするなど、組織全体を考えた行動をしましょう。

退社までの流れ

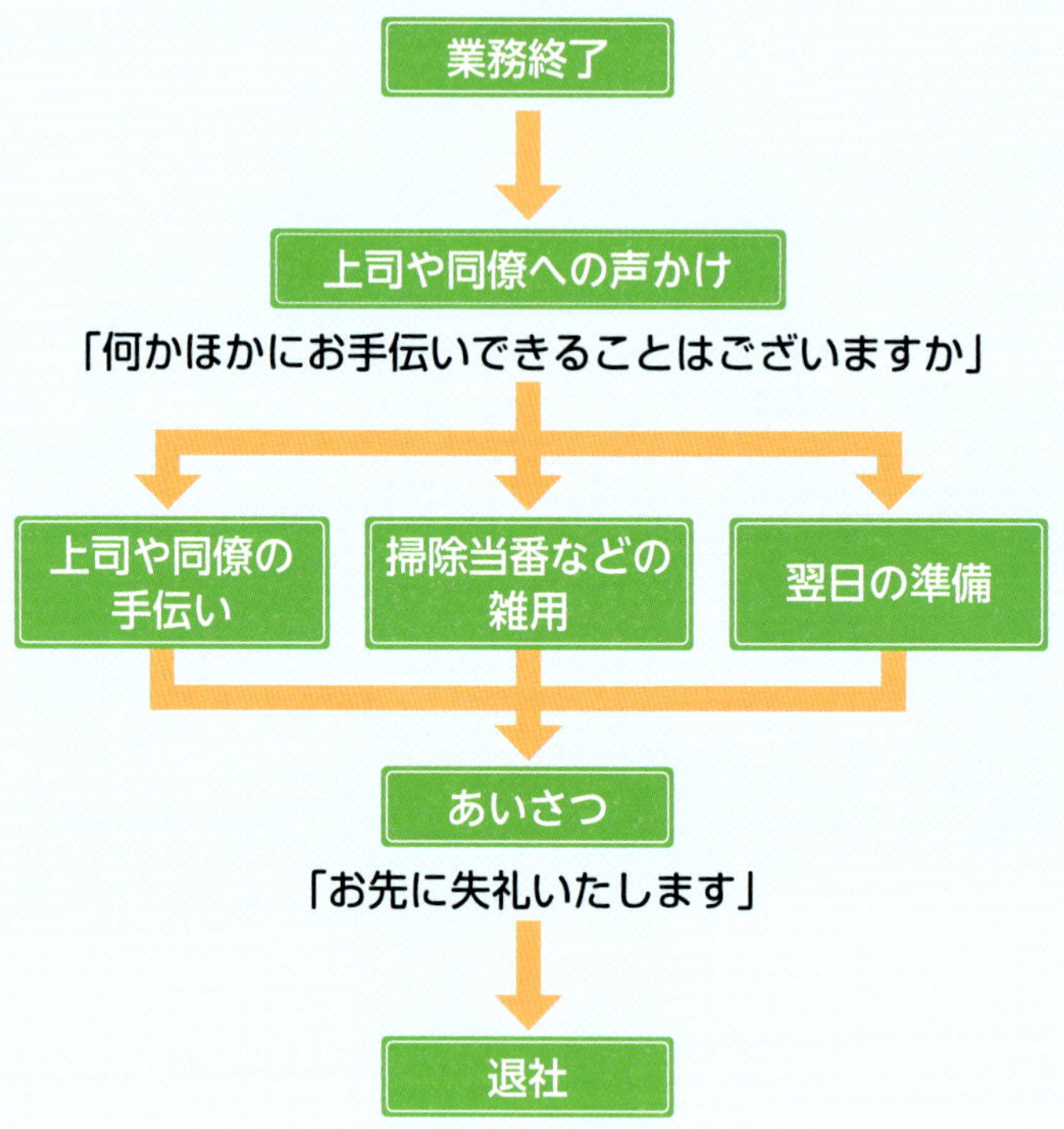

ワンポイント

早めに退社したいとき

繁忙期など残業を命じられそうな時期に、個人的な予定などで定時後すぐに退社したいときは、前日もしくは当日の朝までに上司に伝えておきます。

その際は理由を明確に伝え、上司の信頼を損なわないようにします。

翌日の準備

翌日の準備をしておくと、朝出社したあとスムーズに仕事を開始できます。机の上や周囲を片づけたり、提出書類をそろえたりしておけば、朝からすぐに生産性の高い仕事に取りかかることができ、心にも余裕が生まれます。

時間帯ごとの作業の進め方

● 頭を使ったり、人にお願いしたりする作業
● 前日作ったToDoリストをもとに作業
朝
To Do
夕
● 単純作業
● 翌日にやるべきことのToDoリストを作成

退社時のチェックリスト

- 今日やるべき仕事は完了したか
- 翌日やることを整理し、優先順位をつけたか
- 必要な書類は、すぐ取り出せるようになっているか
- パソコンとディスプレイの電源を切ったか
- 机の上に余計なものがないか
- ゴミは捨てたか

ワンポイント

残業しないための努力

仕事が重なっているときは仕方がないこともありますが、仕事はできるだけ効率よく進め、残業することにならないように注意しましょう。

退社後の時間を有効活用することでスキルアップを図るのも大切です。

ワンポイント

ToDoリストを作ろう

翌日にやることを紙やパソコンなどに書き出しておくと、やるべきことが視覚的に把握できます。まずは何も考えず、思いつくだけやるべきことを書き出し、あとから優先順位をつけて並べ替えます。完了したら、各項目に横線を引いて消していけば作業完了の達成感も得られ、効率的に仕事を進めることができます。付せんを活用するのも効果的です。

退社時のあいさつ

退社時には、まだ残っている社員にあいさつをしましょう。特に直属の上司や社長には面と向かってあいさつをします。

ほかの社員が退社するときは「お疲れさまです」と声をかけます。「ご苦労さまです」は目下の人に使う言葉なので注意しましょう。

帰宅するまでは社会人モード

仕事を終えても、帰宅するまでは気持ちを緩めたり、服を着崩したりしないようにしましょう。社会人として適切に行動し、信頼感をもたれる態度を心がけます。

特に、会社の情報はすべてが「社外秘」です。

退社後の宴会などでも、同僚や年の近い先輩と具体的な仕事の話をすることは最小限にとどめ、情報漏えいにつながらないように注意しましょう。

こんなときどうする？

Q 先輩より先に帰るのが気まずい…

A 受け持っている仕事の量は個人によって異なります。手伝うことがあるかどうかを聞き、自分にできることがなければ、きちんとあいさつをして退社しましょう。

お先に失礼します！
明日もよろしく
お願いします！

退社時によくあるトラブル

クライアントへの
連絡を忘れたまま
退社してしまった
社外秘
社内の情報を
社外で話す
外で騒いでいると
ころをクライアン
トや上司、先輩に
目撃される

社外での自己研《けん》鑽《さん》

社外でも積極的にスキルアップを図りましょう。新聞やホームページなどには、業務に役立つ資格やセミナーの情報が多数掲載されています。知識やスキルを磨けば、普段の業務がスムーズに進められるようになりますし、セミナーに参加すれば業務へのモチベーションも上がります。

自主的な学習の例

平　日

通勤時間

- 携帯端末でのニュースのチェック
- 読書（ビジネス・自己啓発など）
- 外国語のリスニングトレーニング
- 駅広告、車内広告などからの情報収集

出社前・帰宅後

- 新聞・テレビ・ホームページなどからの情報収集
- 試験勉強（資格の通信教育など）

休　日

- セミナーや勉強会への参加
- 自己啓発本探し
- 翌週の仕事の準備

リフレッシュの仕方

毎日へとへとになるまで残業するよりも、適度な休息をとりながら仕事を進めるほうが、作業効率は上がります。適度にリフレッシュして、勤務時間には最大限の力を出せるようにしておきましょう。

おすすめリフレッシュ法

社内	● 軽い運動をする（ストレッチなど） ● 会社付近を散歩する（長時間は×） ● 洗顔ペーパーで顔を拭く
社外	● 映画、劇、展覧会などに行く ● 友人と近況報告をしあう ● スポーツや趣味を楽しむ ● 自然にふれあう

Column

スーツやシャツのお手入れ

スーツはビジネスパーソンにとっての正装であり、印象を大きく左右します。汚れやシワを防ぎ、いつでも相手に好印象を与えられるよう、アイロンがけや保管の方法を知っておきましょう。

アイロンがけの方法は素材によって異なります。毎日洗濯するワイシャツやブラウスにアイロンをかけるときは、アイロンのスチーム機能または霧吹きを使用しましょう。衣服を湿らせることでシワがのびやすくなります。襟やカフス（袖口）など生地の厚い部分は裏側からもアイロンをかけます。まず裏側、次に表側の順でアイロンをかけるときれいに仕上がります。

スーツやジャケット、特にウールや化学繊維のものは、汚れやシワがひどい場合にはクリーニングに出すのが無難です。

やむを得ず自分でアイロンをかける場合は、素材とアイロンの設定温度に注意が必要です。麻や綿などの素材には200℃前後で、アクリルやポリウレタンの素材では120℃前後に設定します。ウール素材の場合には150℃前後に設定し、アイロンとの間に必ずあて布をしましょう。設定温度を誤ったり、あて布をし忘れたりすると、素材が溶けて光り、ビジネスパーソンとしてふさわしくない状態になってしまうので、不安な場合はいつでもあて布をするようにしましょう。アイロンをかける前には霧吹きをし、生地の縫い目に沿わせてアイロンをかけると、効果的にシワとりができます。スラックスにアイロンをかけるときは、折り目に気をつけましょう。

次に着るまでに間が空いてしまう衣服はクリーニングに出し、いったん陰干ししてからしまいましょう。数カ月ごとにクローゼットから出して陰干しすると、衣服をより長持ちさせることができます。洗濯で落ちないような汚れがついたときには、早めにクリーニングに出しましょう。

第2章

社内での基本マナー

Keyword

- フォロワーシップ
- 書類やデータの管理
- デジタルツール
- コンプライアンス
- 共有スペース
- ハラスメント

仕事を始める前に知っておきたい

社内でのマナー

勤務中は上司や先輩、同僚などが気持ちよく業務に集中できるように配慮することが大切です。

社内での勤務態度

背筋を伸ばす

- 頭、肩、背筋、かかとが一直線になるように立つ
- かかとをそろえて立ち、手は前で重ねる

指をそろえる

- 指先まで神経を使うことで、身も心も引き締まる
- 動作がよりスマートに見え、相手への敬意が伝わりやすい

物は両手で受け取る

- 軽く片手を添え、両手で受け取る
- 指先をそろえて「手盆」になるようにする

動作はひとつひとつ区切る

- あいさつやお辞儀など個々の動作を区切ることで、メリハリと丁寧さを演出する

あいさつの基本用語

朝、出勤時
「おはようございます」

外出時
「～へ行ってまいります」

帰社時
「ただいま戻りました」

退社時
「お先に失礼いたします」

会話中は視線を合わせる

- 会話中は相手と視線を合わせ、適度に前傾姿勢をとりながらうなずくなど、聴く姿勢・伝えようとする意思を示す

まずはあいさつから

あいさつはマナーの基本です。時間帯やシーンに合わせた適切なあいさつをし、仕事をスムーズに進められるようにしましょう。

ワンポイント

あごの角度で印象が変わる

あごを適度に上へ向けると自信を、適度に下へ向けると控えめさを演出できます。相手に伝える内容によって使い分けるとよいでしょう。上へ向けすぎると横柄さ、下へ向けすぎると自信のない印象を与えるので、極端にならないように意識しましょう。

上司や先輩に質問したいときは

わからないことがあれば、自分の判断で進めずに上司や先輩に質問するのが基本です。

質問したいときは、上司や先輩の仕事の様子をうかがいながら、必要なことを簡潔に聞くようにします。ただ回答を求めるのではなく、自分の考えをあらかじめ準備しておき、確認してもらうようにしましょう。

質問する際の注意事項

- 「○○さん、今よろしいですか？」とひと声かけてから質問する
- 忙しそうにしている上司や先輩にはひと声かけたあとに続けて「○○の件で○分ほどお時間をいただけますでしょうか」と聞く
- 必ずメモを持参し、要点を書き取りながら話を聞く
- 自分で調べてわかることは聞かない

ワンポイント

フォロワーシップ

フォロワーシップとは、チームのメンバーが、リーダー、ひいてはチーム全体をサポートする意識のことです。

積極的に先輩へ質問したり、手伝えることがないかを確認したりしましょう。

その行動がリーダーやチームを助け、組織全体によい影響を与えることになります。

会社の常識!

会社は利益を追求する組織であるため、極力無駄な支出を抑えなければなりません。コピーミスに気をつけ、不要な照明はこまめに消すとよいでしょう。備品の無駄使いや、ビジネスフォンでの私用電話もしてはいけません。また、時間もコストであるという意識をもって行動しましょう。

仕事を効率よく進める

デスク周りの整理整頓

デスク周りはいつでもきちんと整理し、仕事のしやすい環境を作りましょう。

デスクのレイアウト

電話
メモをとりやすいように利き手の反対側に置く

卓上
パソコンなどの備品、筆記用具、カレンダー以外は基本的に物を置かない

パソコン
勝手に配置を変えない

ゴミ箱
社員のじゃまにならないように置き、いっぱいになったら捨てる

役立つ小物と収納グッズ

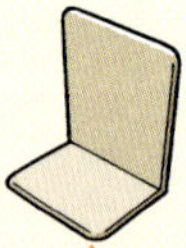

ブックエンド
棚がなくても資料などを立てておくことができる

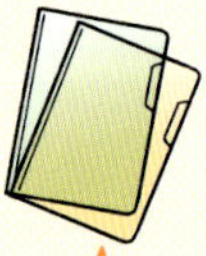

クリアファイル
半透明のものを数色用意すると、中の書類が判別でき、色で使い分けられる

ペン立て
底が安定したものを選ぶ
入れすぎはかえって使いにくい

付せん
サイズや色を使い分け、資料や書類の目印にする
必要なくなれば、すぐにはがして処分する

※ほかに名刺整理のためのファイルやボックス、一筆せんなど

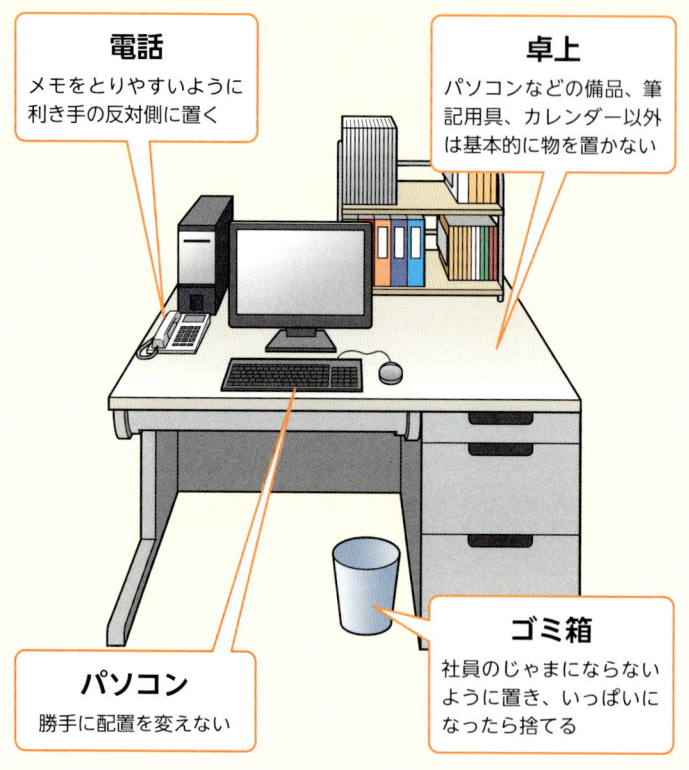

デスクの整理

引き出し

上から見える位置に、プロジェクト名などの概要を書き込む

黒、赤、青のボールペンは必須　はさみ、定規、修正液も用意

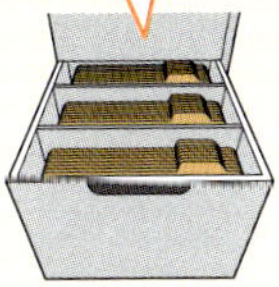

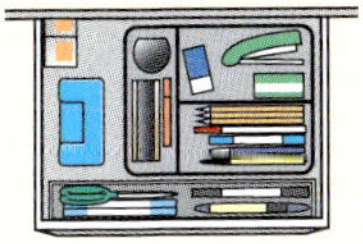

棚

資料の置き方

背表紙が見える状態で、立てて収納する

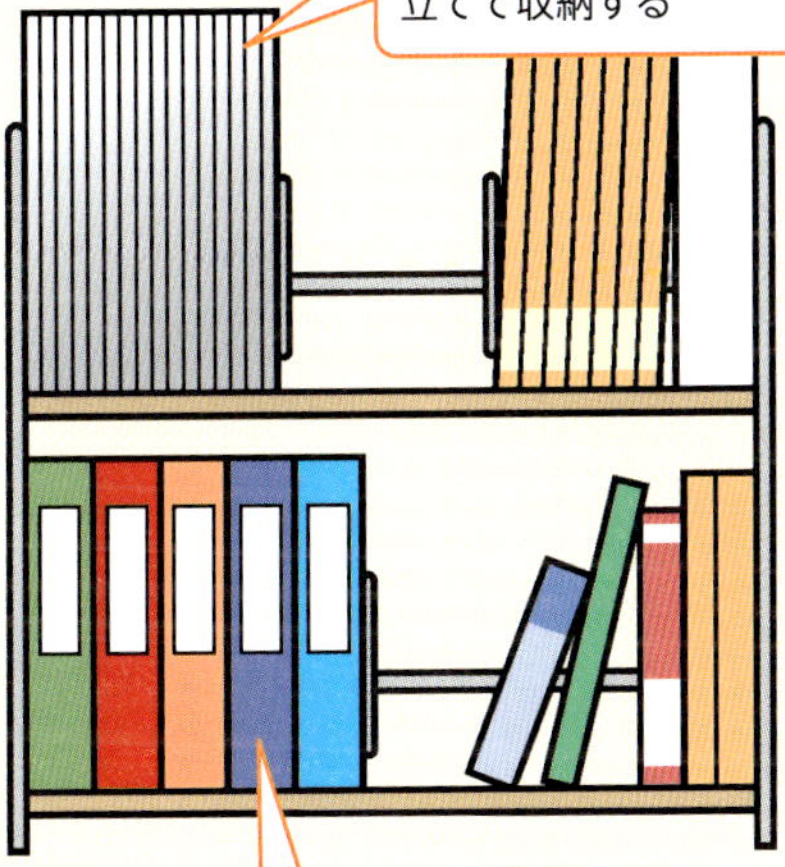

資料の並べ方

同一資料をまとめて置き、クライアント別、業務別、時系列、その他用途別に並べる

会社の常識！

書類への記入には、黒のペンを使います。鉛筆やシャープペンシル、消せるペンで書いたものは、公的書類としての効力がありません。

鉛筆やシャープペンシルは、書類の閲覧者に向けた補足事項を記入するときなどに使いましょう。

こんなときどうする？

Q 引き出しがいっぱいになった…

A 仕事上のメモなどは、必要があるものだけをスキャンしてパソコンに保存し、不要なものは廃棄しましょう。会社の機密事項が含まれた書類は上司に確認し、不要であればシュレッダーにかけて処分します。それでも場所が足りなければ、先輩や総務部の社員に相談しましょう。

効率化のための整理整頓

作業スピードが速くても、仕事にとりかかるまでに時間がかかってしまっては意味がありません。

書類は分類するなどしてすぐに取り出せるようにしておき、使ったあとは必ず決まった場所に戻しましょう。実際に作業する際は、一度に多くの書類をデスクに広げないのがポイントです。

データ管理、文書作成に必須

効率的なパソコンの使い方

パソコンによる作業は仕事に欠かせないものです。ルールを守って効率よく使いましょう。

パソコン使用時の基本

パソコンは姿勢を正して使い、適度に休憩をとるようにしましょう。また、精密機械なので取り扱いには十分注意しましょう。

基本姿勢とポイント

画面を長時間見続けると、目や首、肩に負担がかかるので、1 時間に 10 分程度の小休憩をとる
パソコンが熱をためこむのを防ぐため、ファンの近くには物を置かない
省電力やセキュリティの観点から、離席時はディスプレイの電源を消す
腕時計を近づけると誤作動を起こす可能性があるので、本体やディスプレイ付近に置かない

背筋を伸ばして、深く座る
いすはデスクに近づけ、背後を通る人のじゃまにならないようにする
デスクの上に不要な物を置かない
誤ってコードやケーブルを抜かないようにまとめておく

疲労をやわらげるコツ

- 画面の明度を部屋の明るさと合わせる
- ディスプレイは、少し見下ろすくらいの角度にする
- 目とモニターの間を 40～50cm 離す
- 作業の区切りのよいときに、軽く体を動かし深呼吸をする
- まめに首や肩などのストレッチをする

備品としての扱い方

パソコンは会社の備品なので、勝手にソフトウエアをインストールしたり、設定を変更したりすることは控えましょう。壁紙などを自由に替えてよい場合でも、仕事に適したシンプルなものにしておきます。

仕事で必要なソフトウエアをインストールしたいときなどは、会社のシステム管理者の許可を得ます。

注意

パソコン使用時の注意

- 不安定な容器に入れた飲み物などを、本体付近に置かない
- 外部接続媒体を取り外すときは、必ずパソコン上で取り外し操作をする
- 一度に多くのデータを開かない
- ログインIDやパスワードなどを周りの人の目につくところに置かない

など

許可されている設定変更

- よく使用するソフトウエアのショートカットアイコンを、デスクトップに作成する
- デスクトップの壁紙を、カレンダーがデザインされたシンプルなものに変更する
- 情報収集でよくアクセスするWebサイトを、お気に入りに登録する
- よく使うソフトウエアのウィンドウの表示形式を変更する

快適グッズいろいろ

ブルーライトカットメガネ

パソコンなどのLEDディスプレイから発せられる青色光をカットし、眼精疲労を低減する効果がある

クッションつきマウスパッド

手首を置くクッションがついているので、長時間操作しても手首が痛くならない

ケーブルタイ・結束グッズ

束ねることでケーブルがからまりにくくなり、管理しやすくなる

インターネット利用時

インターネットを使って情報収集したりデータをダウンロードしたりするときは、仕事に必要な範囲にとどめましょう。仕事に関係のないWebページの閲覧は控えます。

また、インターネット上の情報は必ずしも正確なものではないということをきちんと把握し、情報の取捨選択をすることも大切です。

こんなときどうする？

Q 宴会の予約を頼まれたので、会場のWebページを閲覧したい

A 会社主催の宴会を予約するためならかまいませんが、なるべく迅速に済ませて通常業務に戻りましょう。宴会では世間話だけでなく、業務改善のための率直な意見交換がなされることもあるので、それにふさわしいお店を上司や先輩に聞きながら選びましょう。下見もしておくとベターです。

データの持ち運びや共有に便利な デジタルツールの使い方

デジタルツールは、会社で決められたルールに従い、情報漏えいなどのトラブルに気をつけて使いましょう。

デジタルツールの使い方

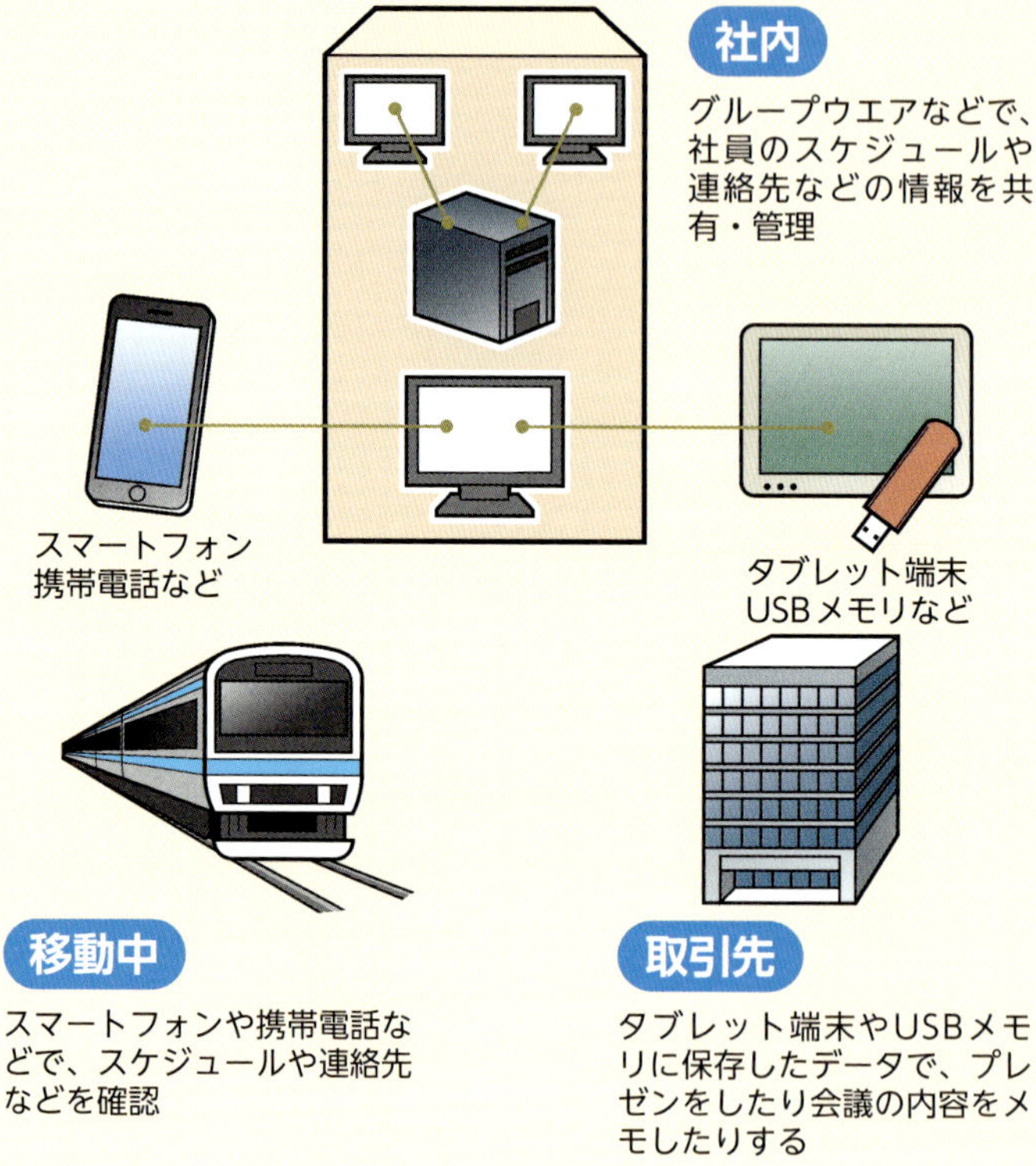
社内
グループウエアなどで、社員のスケジュールや連絡先などの情報を共有・管理
スマートフォン
携帯電話など
タブレット端末
USBメモリなど
移動中
スマートフォンや携帯電話などで、スケジュールや連絡先などを確認
取引先
タブレット端末やUSBメモリに保存したデータで、プレゼンをしたり会議の内容をメモしたりする

仕事で使うデジタルツール

スマートフォンやタブレット端末などは便利なツールですが、使う場面やタイミングを間違えると、周囲の人の気分を害したり、コンプライアンス上の問題になったりします。相手にひと言断って操作したり、急用でなければあとで操作するなどの気遣いが必要です。

ワンポイント

グループウエアとは？

社員のスケジュールや会社の情報などを管理するソフトウエアです。社員各自がアクセスして閲覧することで、情報を共有できます。毎日チェックし、仕事に必要な情報を把握しておきましょう。

社外でのデータの扱い方

基本的に会社のデータを社外に持ち出すのはNGですが、やむを得ない場合は上司に確認して許可を得ます。

データの紛失や盗難には十分気をつけましょう。

注意

社外でデジタルツールを扱う際は、時と場所に十分注意しましょう。公共交通機関や病院内、そのほか使用禁止の指示のある場所では電源を切っておきます。

デジタルツールを使うときは

会社用のスマートフォンやタブレット端末を、就業時間外や就業時間中に私用で使うことは厳禁です。また、共有の端末を使うときは、仕事に必要なデータだけを保存し、使用後は次の人が使いやすいようにデータを削除しておきましょう。

私用端末の充電は厳禁

SNS利用のマナー

TwitterやFacebookなどのSNS（ソーシャル・ネットワーキング・サービス）を使って会社の情報を公開したり、関係者と情報交換をしたりしている場合は、会社の機密事項やプライベートな内容などを書き込まないように十分に注意しましょう。

その他のデジタルツール

USBメモリにデータを保存したり、オンラインストレージにデータをアップロードしたりして、外部からデータを閲覧できるようにすることもできます。ただし、USBメモリを紛失したり、オンラインストレージに外部からアクセスされたりしないように、セキュリティには十分注意しましょう。

社員全員で気持ちよく使おう

共有スペースで気をつけること

給湯室、トイレなどは社員全員で使うものです。独占したり、汚したり しないように気をつけましょう。

よく使う共有スペース

廊下

- 走ったり、急に立ち止まったりしない
- 前方から人が来たら道を譲り、あいさつする

※来客案内中はお客様優先で対応する

給湯室

- おしゃべりやうわさ話などのために長時間居座らない
- 砂糖やミルクなどを不必要に多く使用しない
- 汚してしまったときは、すぐに掃除して清潔に保つ

トイレ

- 洗面台などをきれいに使い、汚したら掃除する
- 石けんなどの備品が少なくなったら、総務担当者に伝える

共有スペースの使い方

共有スペースは、自分のあとに利用する人のことを考えてきれいに使いましょう。汚したときは、拭きとったりゴミを片づけたりして利用する前の状態に戻すことはもちろん、トイレであれば石けんを補充するなど、使う人のことを考えて必要なものをそろえます。

注意

共有スペースが汚れていると、会社の品格が疑われます。マナーを守って利用するだけではなく、ほかの人が汚したところもきれいにしておきましょう。

エレベーター

- 会話や携帯電話の使用は控える
- 荷物は体に寄せて持つ
- 扉を閉める前に、乗り降りする人がいないかを確認する
- 基本的には下座（161ページ参照）に立つ。ドアの前に立ったら、停止階ごとに降りて出入り口を開ける

乗ってきた人には「何階ですか？」と声をかけ、停止階のボタンを押しましょう

階段

- 基本的に外側を歩く
- 走ったり、座り込んだりしない
- 前から人が来たら道を開け、すれ違うまで立ち止まり、あいさつをする

喫煙所

- 出入りするときはドアを閉める
- 長時間居座らない
- 灰皿の後始末をする
- 服についた臭いを残さない

屋上・バルコニー

- 出入りするときはドアを閉める
- 喫煙しない（喫煙所を使う）
- 空き缶などを放置しない

ワンポイント

喫煙のマナー

喫煙者は、タバコの煙が非喫煙者に向かわないようにするだけではなく、服についた臭いにも注意しましょう。消臭スプレーなどを使うと効果的です。

そもそも会社は仕事をする場所なので、喫煙の頻度や時間はできるだけ少なくしなければなりません。

共有スペースの範囲

自分のデスク周り以外は、すべて共有スペースと考えましょう。通路の床などにゴミが落ちていれば、自分のものでなくても拾うようにします。また、自分のカバンなどを通路に置くときは、デスクに寄せ、通路にはみ出さないようにしましょう。

見やすく、取り出しやすい

書類やデータの管理方法

書類やデータなどは、適切に保管・管理し、必要なときにすぐ取り出せるようにしておきましょう。

書類の管理方法

紙の書類はファイリングし、必要なときに取り出せるようにしておきましょう。

重要書類などは、紛失しないように、書類に合わせて適切な管理方法を検討しましょう。

書類の管理方法の種類

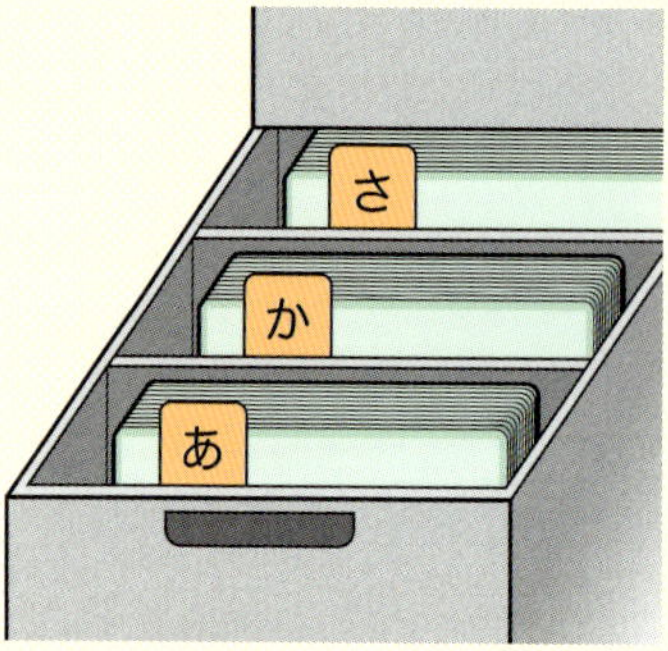

1. 関係する相手ごとに分ける
2. プロジェクトごとに分ける
3. 書類の最初のページにインデックスを貼り、書類名を書き込む
4. 書類をクリアファイルに挟み、相手別で50音順に並べる

ワンポイント

書類の処理漏れを防ぐ

未処理の書類は、1つのファイルにまとめ、退社前に確認するようにしましょう。まとめる際には、「何を」「いつまでに」「誰に」処理するかなど、必要な情報を付せんなどで書類に貼ります。

注意

人事や経営などに関する書類は厳重に管理しましょう。たとえば請求書や予算表など、金額が記載されている書類は、社外の人の目につかない場所に保管しなければいけません。少しの間離席する場合でも、引き出しにしまったり、机上に伏せておくなどしておきましょう。
廃棄する場合はシュレッダーを使用するなどして、内容が判別できない状態にしてから処理します。

データの管理方法

作成した文書ファイルなどにはわかりやすい名前をつけ、適切なフォルダーに保存して管理しましょう。

よく使うファイルは、デスクトップにショートカットアイコンを作成しておくと作業効率が上がります。

ファイル名のつけ方

データの更新回数、プロジェクト名、データの種類（「企画書」など）、更新日付を半角英数字で入力してファイル名にすると見つけやすくなります。

（例）business_kikakusho_5_140401.xxx

プロジェクト名　データの種類　更新回数　更新日付

「2014年4月1日」に更新した「ビジネス」用の「企画書」の「5回目」の更新データ

フォルダーの管理方法

フォルダーは複数作成して階層構造にすると、ファイルを管理しやすくなります。目的のファイルが見つけやすくなるように工夫しましょう。

（例）

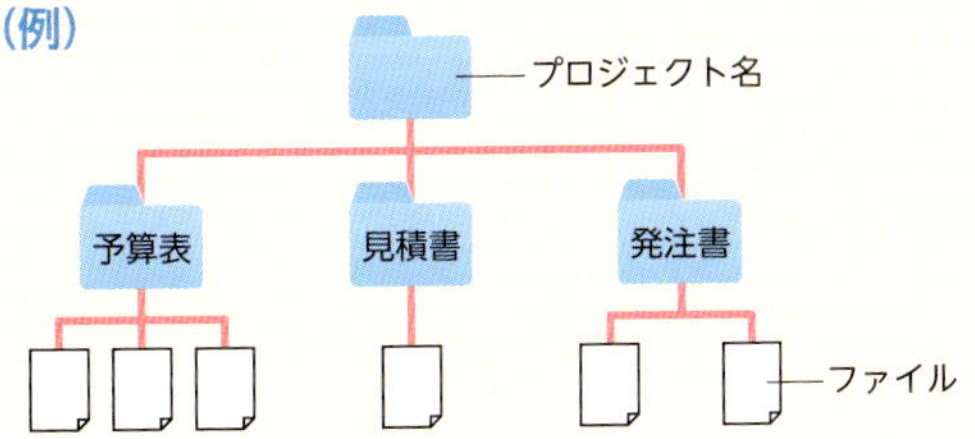

こんなときどうする？

Q 保存したファイルが見つからない

A 検索機能を利用しましょう。
Windowsならば、［スタート］メニューの［プログラムとファイルの検索］にファイル名の一部を入力して検索できます。

書類やデータを捨てるときは

重要書類はゴミ箱には捨てず、シュレッダーにかけて処分します。シュレッダーを使用する場合は、本当に廃棄してよい書類かどうかをよく確認しましょう。印鑑が押してあったり、金額が記載してあるものは注意が必要です。

データであればゴミ箱に入れてもパソコン上には残るので、Windowsの場合は［ごみ箱］を右クリックして［ごみ箱を空にする］を選択し、完全に削除しましょう。

ワンポイント

ファイルの保存場所

パソコンにデータを保存しすぎると、ハードディスクの空き容量が減り、動作が不安定になります。

パソコンに保存する必要がないものは、サーバー内の適切なフォルダーに移動しておきましょう。

仕事のメリハリをつける

休憩・昼食のとり方

休憩時間は作業効率を高めるために必要な時間です。メリハリをつけ、休むときは休みましょう。

休憩するときは

仕事が終わらないからといって、休憩をせずに仕事を続けることは避け、適度に休んでメリハリをつけましょう。休憩時間の終了と同時に業務を再開できるよう、時間に余裕をもって席に戻りましょう。

休憩・昼食時のルール

- 上司や先輩に休憩をとる時間を連絡する
- ホワイトボードなどに戻る時間を記入する
- 社外で休憩をとる場合は、会社の一員としての意識を忘れずに行動する
- 電話応対の社員が少ない場合は、時間をずらして休憩する

離席時に必要なこと

上司や先輩に声をかける

何のために、どこへ行き、いつ戻ってくるのかを上司や先輩にきちんと伝えましょう。

外出がわかるようにする

ホワイトボードに外出する旨を記入したり、自席にメモを置いたりしておきましょう。

机上の書類は伏せておく

人から見えないように机上の書類は伏せておきましょう。すぐに使わないのであれば、引き出しに入れるなどして片づけます。

ディスプレイの電源は切る

情報保護と節電を心がけ、ディスプレイの電源を切るようにしましょう。

昼食時

場所

- 飲食店
- 付近の公園
- 自席　など

時間内に戻れる場所を選びましょう。

過ごし方

- 騒がない
- 会社内部のことを話題にしない

周囲の人に迷惑をかけないように静かに過ごしましょう。

休憩時

場所

- 屋上、バルコニー
- 休憩室
- 自席　など

廊下など、ほかの人のじゃまになるようなところは避けましょう。

過ごし方

- 静かに休む
- 軽い運動をする

休憩時間でも昼寝は厳禁です。机にうつぶせになるのも、周囲の人の士気を低下させるのでやめましょう。

休憩から戻るときは

屋外で出た弁当のゴミなどは社内に持ち帰って捨てるなど、最低限のマナーは守りましょう。マナーの悪い行動をすると、社外の人からの会社全体の印象を悪くしかねません。

会社の常識！

休憩は、適度にリフレッシュをして作業効率を上げるための時間です。気分転換をするとともに、上司や先輩とも積極的に情報交換をして、早く会社に慣れるよう心がけましょう。

体制や制度を考えて行動する

会社の組織や制度を知る

会社には、目的に応じた組織形態やルールがあります。組織の仕組みを知り、効率的に働きましょう。

部署と役割の例

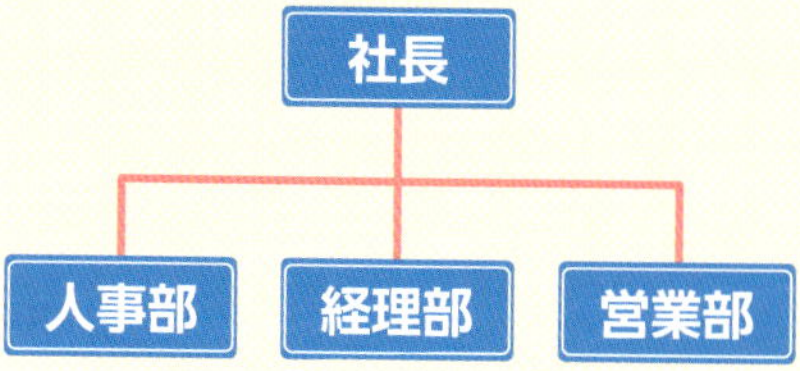

社長
人事部
経理部
営業部

人事部
採用や異動、退職手続きなど

経理部
財務管理や銀行との取引など

営業部
製品やサービスの営業活動など

※ほかにも事業内容などに応じて、各社さまざまな部署が設けられています

社長
会社の代表
経営を指揮

取締役
社内の重要事項の決定に
関与する構成員

部長
「○○部」の長

課長
「○○課」の長

主任
課員の１つ上の役職

※役割は組織によって
異なります

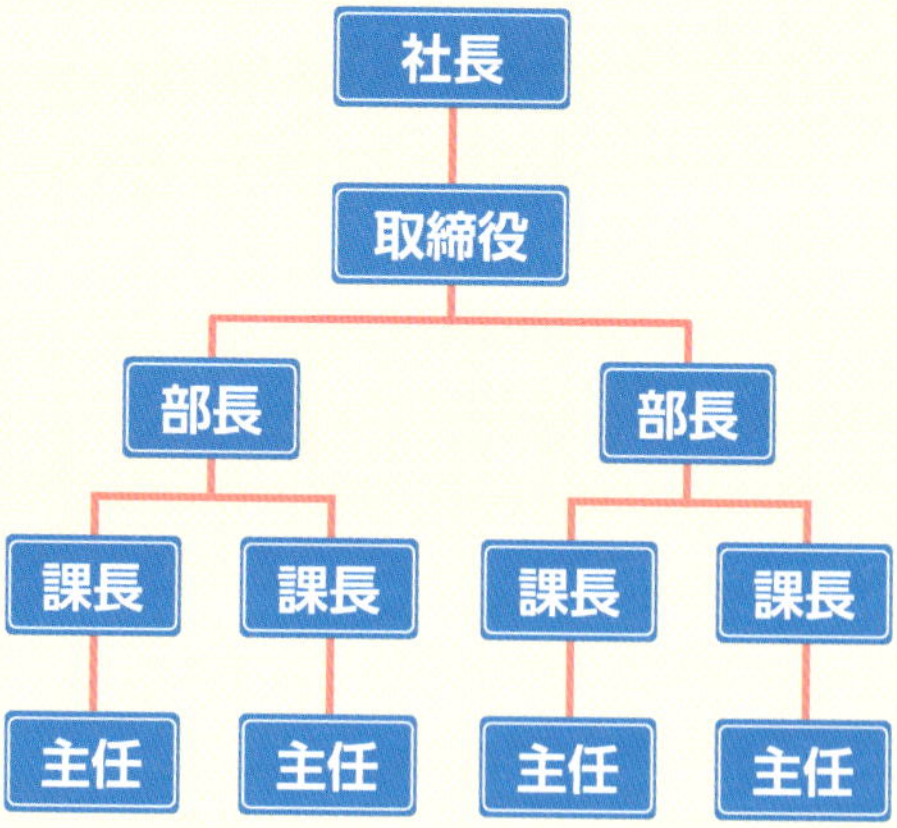

社長
取締役
部長
部長
課長
課長
課長
課長
主任
主任
主任
主任

※ほかにもリーダーやチーフなど、会社に応じてさまざまな役職があります

部署や役職を知ろう

会社には目的に応じてさまざまな部署が設置されています。

上司や先輩など、自分に身近な人との人間関係だけではなく、部署間の関係にも気を配れば、より会社の実情に即した考え方や発言ができ、上司からの評価も変わります。また、役職が上位にあるほど、高い管理能力と責任が求められ、部下に要求する仕事の内容も大きく異なる場合があります。

役職ごとの役割を理解し、報告や相談すべき相手を判断したり、各役職に必要な資料や情報を準備したりするように心がけましょう。

給与を知ろう

給料日には、社員それぞれに給与明細が配布され、そこに記載されている金額が、社員個人の金融機関口座に振り込まれます。

給与明細の各項目の意味を知り、配布時には誤りがないかを必ず確認しましょう。

給与明細のおもな項目

（例）

総支給額
各種保険料や税金控除前の金額

手当
役職手当、通勤手当など、労働環境に応じて基本給に上乗せされる金額

控除額
各種保険料や税金の金額。総支給額からこれらの金額を差し引いた分が実際の支給額となる

※記載項目は会社によって異なります

福利厚生を知ろう

会社によっては、さまざまな福利厚生制度が準備されていることがあります。内容や条件などを確認して大いに活用しましょう。

勤務時の心がまえや会社の制度などが記載されている就業規則は、必ず確認しておきます。

いろいろな福利厚生

（例）

社会保険
健康保険、雇用保険など、病気や失業などのあらゆるリスクに備えて加入する保険。保険料の一定割合を会社が負担している

託児サービス
仕事の都合で育児に時間がとれない親のために、子どもを預かるサービス

財形貯蓄制度
給与や賞与から一定額が自動的に控除され、貯蓄できる制度

休業・休暇制度を知ろう

会社は社員に対し、各種休業や休暇を取得する権利を与えることが法律で定められています。取得可能なケースは就業規則で確認できます。

取得する際には業務のスケジュールをよく考慮し、支障が出ないかどうかを確認しましょう。

いろいろな休業・休暇

（例）

- 年次有給休暇…休んだ日数分も給与が支給される休暇
- 産前産後休業…出産前後の女性が取得する休業
- 育児休業………子が1歳に達するまでの間、取得できる休業（会社により期間は異なる）

（以上3つ：法律で定められている）

- 慶弔休暇………自分や親族の結婚時や、家族の死亡時に取得できる休暇

一瞬の油断が問題につながる
会社の信用の重要性

会社の信用は、利益に直接影響します。ルールを守り、信用を得られる会社にしていきましょう。

問題を起こさないために必要なこと

会社の利益追求にとらわれすぎない

売上を最優先にし、発注先や取引先などに無理を言う

オン・オフを分け、社外で会社の話をしない

経営戦略などの機密情報を漏らしてはいけない

ミスやトラブルの解決を後回しにしない

ささいなことでも、発覚した時点で上司に報告する

社会の常識に沿った行動をする

就業時間中にゲームをするなど、会社員としてふさわしくない行動はとらない

コンプライアンスを重視する

一人の仕事のミスやトラブルが会社の信用問題となり、大幅なイメージダウンにつながることがあります。それにより、会社の売上低下を招き、業務困難に陥ることも少なくありません。こうした事態を防ぐためには、業務上の規則やルールを守って行動することが大切です。

会社の常識！

「コンプライアンス」という言葉は、一般的に「法令遵守」と訳されますが、法律や規則だけではなく、一般常識や倫理も守らなければなりません。自己中心的な判断や気の緩みが、組織に大きなダメージを与えることもあります。

気がつきにくい違反例

仕事が終わらないからといって、上司に断らずに残業するのはコンプライアンス違反です。残業や休日出勤は、上司の命令によって行うものであるためです。このほか、週末にアルバイトをしたり、他社の文書を流用したりするのもコンプライアンス違反です。

コンプライアンス違反の例

- ✕ 商品などのパッケージに誇大広告を掲載する
- ✕ 競合他社の製品をけなした宣伝をする
- ✕ 他社の文書を流用する
- ✕ 週末にアルバイトをする
- ✕ 同僚の飲酒運転を容認する

注意

メールを送信する際には、必ず正しい送り先・内容であるかを確かめてから送信しましょう。誤送信してしまった場合はすぐに上司に報告します。

確認するべき箇所

- 宛先・CC
- 件名
- 相手の名前と社名（役職）
- 添付ファイル　など

違反してしまったら

コンプライアンス違反が発覚したら、その時点ですぐに上司に報告しましょう。

違反しているかどうかあいまいな場合でも、まずは先輩に相談して考えを聞きます。

迅速な対応が、早い解決につながります。

違反による悪影響の例

- 飲酒運転などの事件・事故による経営幹部や社員の逮捕など
- 顧客の個人情報漏えいなど
  - ➡社員のモチベーション低下、優秀な社員の流出、会社のイメージダウン
  - ➡信頼の喪失
  - ➡売上高の減少、株価の下落
  - ➡競合他社との競争に敗退

業務の正常な進行を妨げないために
セクハラ・パワハラを防ぐ

相手の立場に立った行動をし、自分の意見をはっきり伝え、ハラスメントから身を守りましょう。

ハラスメント防止の基本

加害者にならないために

- 性別で役割分担しない
- 相手の立場に立つ

↓

自分の大切な人がされたら、小さな子どもが見たらどのように感じるかを考えて行動をすることが大切です。

被害を最小限に抑えるために

- 嫌なときは嫌とはっきり伝える
- 信頼のおける上司や外部機関に相談する

セクハラ行為例

- 声をかけるときに、肩に手を乗せる
- 体つきについての発言をする
- 恋愛経験の質問を繰り返す
- 何度も交際を迫る
- 飲み会でお酌を強要する
- 宴会の席で服を脱ぐ
- 盗撮やのぞき見行為をする

パワハラ行為例

- 特定の社員に対して、時間的・技量的に無理な仕事を課す
- 大勢の前で大声で非難する
- 仕事と無関係の飲み会へ参加を強要する
- 「リストラする」「辞めてもらっていい」などと脅す
- 特定の社員だけを呼び捨てにする

ワンポイント

体調がすぐれないときは

ハラスメントを受けて、過度のストレスが体にかかった状態が続くと、新型うつやPTSD（心的外傷後ストレス障害）といった心の病気を発症することがあります。決して無理をせず、信頼のおける人や外部機関に相談してみるとよいでしょう。

ハラスメントを目撃したら

見て見ぬふりをせず、可能ならその場で加害者に注意しましょう。相手が上司でも遠慮する必要はありません。

話を聞いてあげるときは

「はっきり言わないのが悪い」など、被害者を責めるような言動はせず、最後まできちんと話を聞きましょう。

自分で解決できないような場合は、被害者と一緒に上司に相談し、証人として状況を報告しましょう。

その際も私的な感情は抑え、事実を正しく伝えるように心がけましょう。

ハラスメントを受けたら

そのままやりすごしても、自分への被害が増すばかりか、ほかの社員に矛先が向く場合があります。ささいなことでも自分が嫌な思いをしたら、自分の気持ちをはっきり伝えましょう。

1. 自分が嫌だと感じていることを相手に伝える
2. 直属の上司や、ハラスメント専門の部署に相談する
3. 社外機関に相談する

相談できる外部機関

- 各都道府県の労働局雇用均等室
- ハラスメント相談センター
- 労働基準監督署
- 労働組合
- 弁護士（無料法律相談を含む）

※ハラスメント対応実績があるところがよいでしょう

社外機関への相談

社内で相談しても解決できない場合は、外部の人権擁護関連機関を頼りましょう。連絡先はホームページなどから確認します。

メールで相談を受け付けているところもありますので、無料相談などを活用し、早めに心配事をなくすことが肝要です。

Column

新入社員の悩み＜職場編＞

先輩社員には当たり前のことも、新入社員は一から覚える必要があります。ここでは、新入社員だからこそ陥ってしまう悩みをいくつか紹介します。

人によって指導方法が異なる

研修期間中、複数の教育係から異なった指導を受け、混乱してしまう新入社員がいるようです。教育係から指導を受けたらその都度相談し、どの方法が最適か確認するのが理想的ですが、どうしても話を切り出しにくい場合は教育係の上司に相談しましょう。ただし、指導してくれた人に直接相談せずに上司に相談するということは、教育係に対して失礼になりかねないということも心得ておきましょう。

会社では、自発的に考えて行動することが求められます。指導されたことだけを行うのではなく、なぜそういう指導を受けたのかを考え、ほかの仕事にも適用していきましょう。

社内の雰囲気が悪く、どうすればよいかわからない

会社は人の集まりなので、社員一人ひとりの気持ちなどによって雰囲気が変わります。特に繁忙期などはその傾向が顕著に現れます。

雰囲気が悪くなっても、普段通りテキパキと動くことが大切です。忙しそうな人には積極的に声をかけ、仕事を手伝うようにすると印象もよくなります。ただし、雰囲気を過度に変えようとすると、相手によっては不快感を与える場合もあるので、相手の反応を見ながら行動するようにしましょう。

明るいあいさつも効果的です。出社時や退社時には笑顔で「おはようございます！」「お疲れさまでした！」などと元気にあいさつをしましょう。

第3章

日常業務・会議・トラブルのマナー

Keyword

- 顧 客
- 6W1H／5W3H
- CS（顧客満足）
- 報連相
- PDCA
- PREP法

常に相手の存在を意識しよう
顧客を意識した仕事の進め方

仕事をスムーズに進めるためには、顧客からの信頼を得て、良好な関係を築くことが重要です。

顧客を意識して仕事をする

自分が仕事をするうえで関係するすべての人は「顧客」と考えます。

社外顧客からの要求に応え、誠実な対応をしていれば、仕事に対する正当な対価を受けとることができます。また、社内顧客もおろそかにせず、上司の指示や同僚からの依頼などに的確に対応することで、社内からの信頼を得て仕事をスムーズに進行させることができます。

会社の常識！

社外顧客は会社の利益に直接影響するため、優先して対応しなければいけませんが、まずは社内顧客と良好な関係を築くことが大切です。

顧客の種類

顧客とは…

自分が仕事でかかわる社内・社外のすべての人

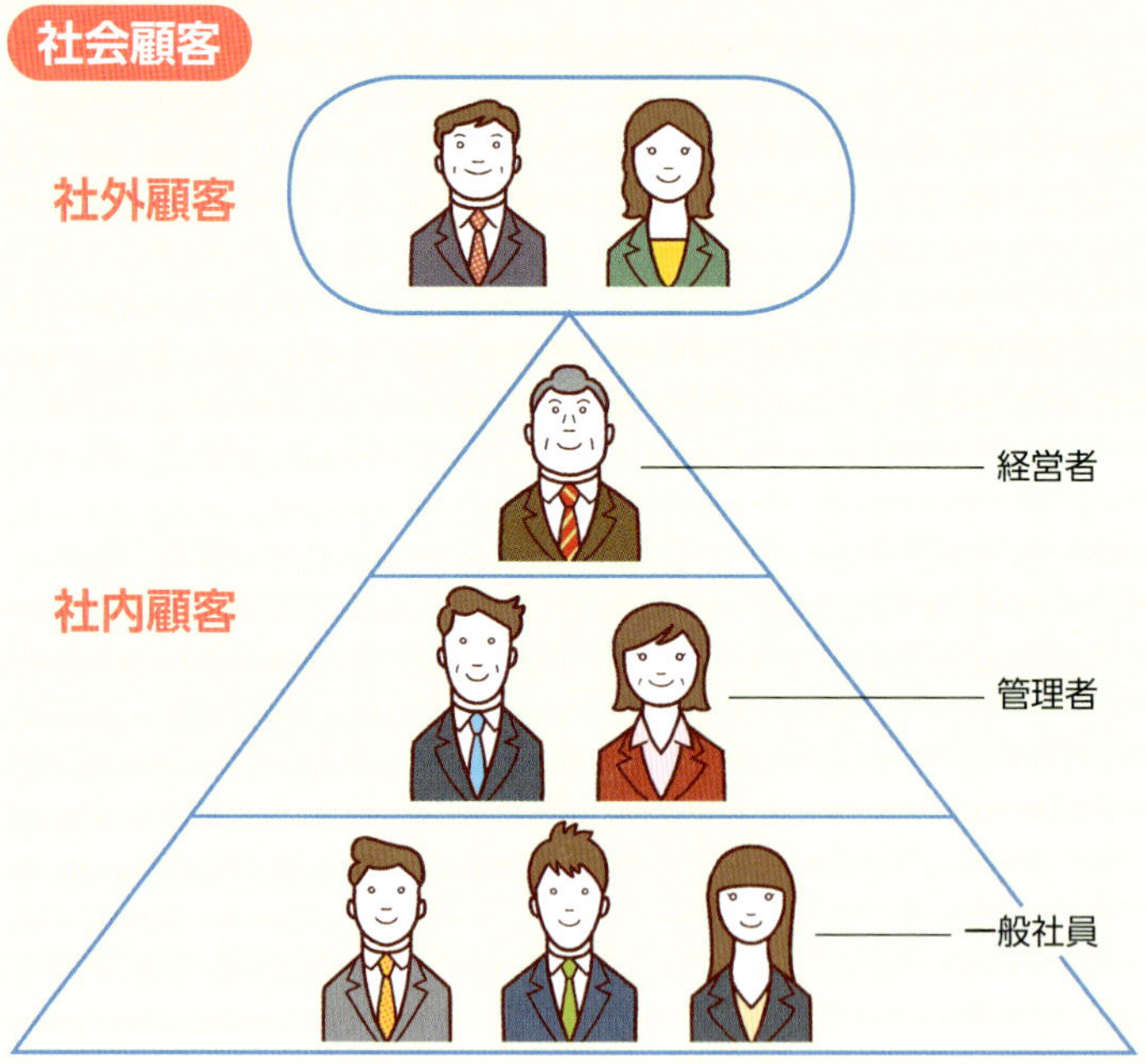
社会顧客
社外顧客
社内顧客
経営者
管理者
一般社員

CSを意識した行動

CSとは…

Customer Satisfactionの略語で、「顧客満足」を意味します。CS向上のためには、仕事の質を高めたり、行き届いたサービスをするなど付加価値を加えなければなりません。顧客のニーズをしっかり把握して、顧客の期待以上のサービスを提供することが大切です。CSが高ければ高いほど、顧客からの信頼が厚くなり、会社の利益にもつながります。

顧客の期待を上回るサービスを提供した場合

CSが向上

→継続した取り引きにつながる

提供したサービスが顧客の期待通りだった場合

CSは変化なし

顧客の期待を下回るサービスを提供した場合

CSが低下

→顧客が離れていく可能性

顧客視点をもつ

ビジネスでは、顧客の希望や要望を正確に読み取る力が必要とされます。そうした力をつけるためには、まず自分が顧客の立場に立ち、どんな商品やサービスがうれしいと感じるかを考えてみることが重要です。

上司や先輩、または他社が顧客に感動を与えるためにどのような努力をしているのか、普段からチェックする習慣をつけましょう。

ワンポイント

コスト意識の重要性

会社は社員に対し、給与のほか、社会保険料や福利厚生費なども負担しています。

社員はそのことを意識し、無駄なコストをかけず、自分の給与以上の仕事をすることが、会社の利益につながります。

顧客の望む成果をあげる
業務の基本的な流れ

顧客に依頼された仕事を確実に実行するために、基本的な業務の流れを押さえておきましょう。

仕事の進め方

仕事は各自の判断で自由に行うわけではありません。顧客が期待する成果に確実に結びつけるためには、顧客に各作業の段階ごとの進捗状況を報告する必要があります。想定と異なることや、効率化が図れることなどがあれば作業を見直し、顧客とともに進め方を検討しましょう。

業務の流れ

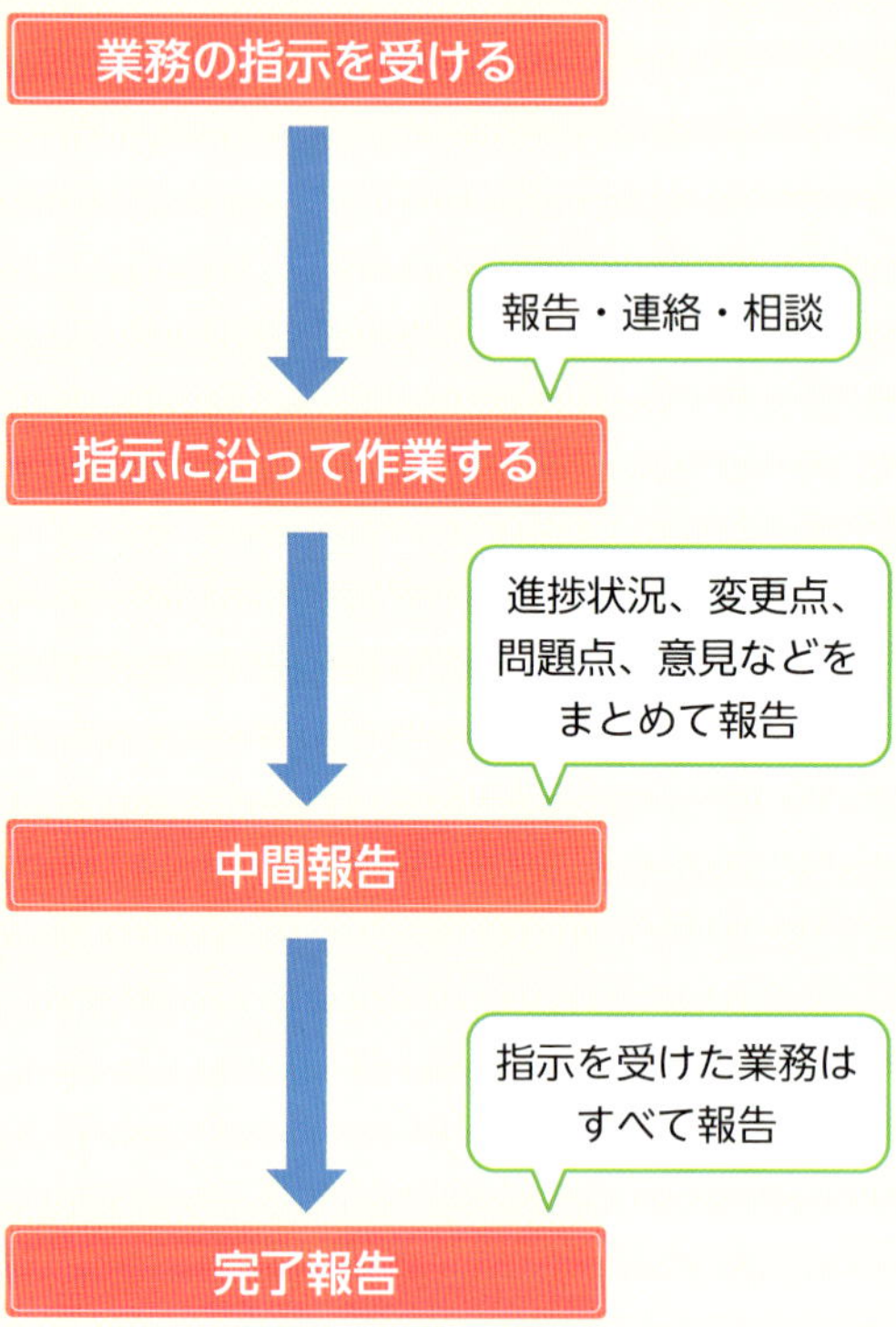

業務の指示を受ける
報告・連絡・相談
指示に沿って作業する
進捗状況、変更点、問題点、意見などをまとめて報告
中間報告
指示を受けた業務はすべて報告
完了報告

ワンポイント

PDCAを活用しよう

PDCAとは、「計画（Plan）」「実行（Do）」「評価（Check）」「改善（Action）」を繰り返して、業務を改善していく手法です。具体的な計画を立て、その実行結果を厳しく評価し、効果的な改善につなげましょう。

メモをとる

上司から指示を受けたり、同僚から仕事の依頼をされたりする際には、必ずメモをとりましょう。書きとることで、優先順位や段取りの理解度が高まり、作業の正確さやスピードも上がります。指示する側も、部下がメモをとっている様子に信頼感と期待感を抱くものです。

書いたあとは必ず内容を見返し、不足している部分があれば適宜補いましょう。

メモをとる項目

6W1Hを意識する

- □ 誰が（Who）
- □ 誰に（Whom）
- □ 何を（What）
- □ なぜ、何のために（Why）
- □ いつまでに（When）
- □ どこで、どこに（Where）
- □ どうするのか（How）

ワンポイント

指示待ちはNG

仕事がないときは上司や先輩に指示を仰ぎましょう。積極的に仕事の状況を確認したり、新たな提案をしたりすることで信頼感が得られ、社内にも活気が生まれます。また、担当外の仕事を経験することで社内のさまざまな仕事に触れることができ、視野を会社全体に広げることもできます。積極的に行動し、上司や先輩から知識やノウハウを吸収して、必要とされる社員を目指しましょう。

会社の常識！

最初に決めた納期を守ることは、信頼を得るための基本です。学生時代は宿題などの提出が遅れても、自分が罰則を受ければ済んだかもしれませんが、納期の遅れは会社の経営に直接悪影響を及ぼします。また、取引先に納期の変更を許してもらったとしても、「納期を守らない会社」とレッテルを貼られてしまう可能性もあります。

優先順位をつけて作業を行う
業務の効率化を図る

一日の作業時間は限られています。効率よく作業を行うために作業の進め方を工夫しましょう。

業務効率化へのステップ

❶業務担当者としての自覚をもつ

➡自分がわからないことは上司や先輩に確認して早めに解決し、誰に何を聞かれても答えられるようにしておく

❷段取りを理解する

➡次にやるべきことや、個々の作業の意味、目的、納期を把握する

❸無駄な作業を省く

➡必要な作業と不要な作業を見極め、不要な作業は省き、人手が必要な作業は複数の人に依頼して行う

❹作業スピードを上げる

➡デスク周りを整頓して作業しやすい環境をつくり、仕事に関する書類やデータの場所をあらかじめ把握しておく

効率化によるメリット

- 雑務の仕事時間を圧縮し、より創造的な仕事に時間を費やせる
- 心に余裕が生まれ、社内外の人に穏やかで良好な対応ができる
- 作業時間が短縮され、残業の軽減につながる
- 就業時間内でこなせる仕事量が増え、社会人としての成長を実感できる

優先順位を考える

行うべき仕事や依頼された作業などはそれぞれの意味や目的、納期を考え、優先順位をつけましょう。複数の関係者と協力して行う仕事は、各人のスケジュールも把握しておく必要があります。

優先順位が高い作業

- □ 連絡や報告、相談
- □ 関係者への作業の指示
- □ 予算やスケジュールなどの条件の決定
- □ 納期が迫っているもの
- □ 作業工程が多いもの

ＴｏＤｏリストをつくる

作業を開始する前にはＴｏＤｏリストをつくり、各作業を「見える化」します。作業の進行状況は、上司や先輩にいつでもすぐに報告できるように、必ずメモなどに書き出しておきましょう。

たとえば、行うべき作業内容を思いつく限り挙げ、優先順位に応じて番号をつけて、完了したものから横線を引いて消していけば、漏れなく、必要な作業を実行できます。

ToDoリストの例

①
自社ホームページ／デザイナー打ち合わせ（販促部）
4/16

②
新スイーツ開発／見積り作成
4/17まで

記載する項目

- 優先順位
- 案件名
- 作業内容
- 協力者
- 納期　など

スケジュール表の作成

作業の進行を管理するうえで、スケジュールは非常に重要です。作業を始める前に必ずスケジュール表を作成し、いつまでにどの作業を完了しなければならないかを把握できるようにしておきます。こうすることで作業の遅れや作業順序のミスなどを未然に防ぐことができます。

作成したら上司や先輩に見てもらいましょう。

スケジュールの例

完成したスケジュールは印刷し、いつでも確認できるようにしておきます。先輩から「ひな形」となるデータをもらえれば、作成時間が短縮できます。

自社ホームページ制作スケジュール　20XX/XX/XX

日付 月	日付 日	項目	備考
4	21		
	22		
	23	第１回関係者打合せ（第１会議室、15:00〜16:00）	
	24		デザイナー休暇
	25		
	26	顧客利用頻度調査	
	27	〃	
	28	〃	
	29	第２回関係者打合せ（第１会議室、14:00〜15:00）	
	30		
5	1		
	2	予算会議（場所未定）	
	3		
	4	第３回関係者打合せ（第２会議室、14:00〜15:00）	
	5		
	6		
	7	カメラマン打合せ（第３会議室、10:00〜12:00）	
	8		
	9		

作成後チェック

- 日程に無理はないか
- 関係者の休日は考慮しているか
- 作業の重複や抜けはないか

こんなときどうする？

Q スケジュールを変更したい

A 上司の了承を得たスケジュールは、安易に変えてはいけません。どうしても必要な場合のみ、上司と相談して変更します。
変更時は、必ず関係者に修正後のスケジュールを配布し、変更した理由も伝えます。

雑務・雑用の進め方

どんな仕事にも丁寧に対応する

雑務や雑用も大切な仕事です。正確かつスピーディーに対応し、上司や先輩の信頼を得ましょう。

出社したら

社員の仕事は、売り上げに直接関係するものばかりではありません。社内の清掃やコピー機の用紙補充、郵便物の配布など、さまざまなものがあります。できるだけ早めに出社し、照明やパソコンなど各機器の電源を入れ、身の回りの整理整頓を行いましょう。コピー機の用紙補充は朝のうちに行います。

雑務・雑用の例

出社直後	●照明・空調・パソコンなどの電源を入れる ●郵便物の配布 ●机拭き（上司や先輩の机、共有の机など） ●コピー機の用紙補充 ●花瓶の水の入れ替え
勤務時間中	●資料のコピー ●会議の準備 ●事務用品の補充 ●お茶出し ●届け物

頼まれたらすぐに対応します。担当者が決まっている場合もあるので、先輩に確認してから行いましょう。

期限も聞いておくと、優先順位がつけやすくなります。

雑務・雑用の確認事項

これ、コピーしといて ➡ モノクロ・カラーの別、部数、拡大・縮小の有無、クリップなどで留める必要はあるかなどを確認します。
コピー後は原本の取り忘れに注意しましょう。

これ、印刷しといて ➡ コピーの場合と同様に部数などを確認します。印刷時はプレビューを見て、正しいサイズかどうかを確認します。
印刷後はすぐに取りにいきましょう。

ここ、掃除しといて ➡ 掃除用具の保管場所を確認します。社外取引先の来訪のためであれば、念入りに清掃をしておきます。

この書類、届けてきて ➡ 届け先や時間を聞き、経路を確認してから出発します。届け物を手渡すときは明るい表情を心がけ、誰の代理であるかも伝えます。
自分の名刺を渡せば人脈も広がっていきます。

会議の準備しといて ➡ 開始時間や参加者、参加人数を確認します。会場を使用している人がいたら、事情を説明して移動してもらいましょう。
机を会議用にセッティングし、プロジェクターを使用する場合は見やすいように設置し、資料に不足がないかどうかも確認しておきます。

雑用が完了したら

完了した時点で、必ず依頼者に報告し、ほかに必要なことがないかを確認します。誤りや訂正があった場合に備え、早めの報告が必要です。

社外への届け物などの場合は、会社に電話を入れ、依頼者に取り次いでもらい、届け物が完了したことを伝えましょう。

こんなときどうする？

Q 一度に大量の雑用を頼まれた

A 依頼者が１人の場合は、必ずそれぞれの期日を確認し、優先順位も聞きましょう。依頼者が複数いる場合は、「○○さんからも○○を頼まれているのですが、どちらを優先すべきでしょうか？」などと確認します。ほかにやらなければいけない作業がある場合は、それを明確に伝え、優先順位を判断してもらうとよいでしょう。

コミュニケーションの基本

「報《ほう》連《れん》相《そう》」を適切に行う

業務の進捗に応じて、上司や関係者などに適切に報告・連絡・相談を行いましょう。

報連相のポイント

	目　的	心がけること
報　告	作業の進捗状況や結果などを上司に伝え、作業の進め方が正しいかどうかを確認したり、問題を発見したりする。	よい情報はあとからでもよいが、悪い情報は早急に報告する。上司が外出している場合は電話で報告する。
連　絡	自分の業務やプロジェクトに関連することを関係者に伝えて共有し、仕事を滞りなく進める。	常に最新の情報を伝えるとともに、関係者への伝え漏れがないようにする。
相　談	不明点や疑問が生じた場合に、上司や先輩、同僚の意見を聞いて解決する。	すべてを教えてもらおうとせずに、自分の考えをあらかじめ用意しておき、アドバイスしてもらう。

報連相をするときは

報連相は「報告・連絡・相談」を略した言葉です。部下が上司に対し、業務の進捗状況や営業情報を報告し、密接に連絡をとりあい、何か困ったり判断に迷ったりしたときには必ず相談するという業務上のルールのことをいいます。上司の状況を見て臨機応変に行います。

報連相なしで情報は伝わらない！

わかりやすい報連相をするコツ

相手にわかりやすく伝えるには、あいまいな表現は避け、要点を簡潔に述べることが大切です。

5W3HやPREP（プレップ）法を意識し、あらかじめ伝えることをメモなどにまとめておき、それを見ながら報連相を行うとよいでしょう。

5W3H

When	：いつまでに
Where	：どこで、どこに
Who(Whom)	：誰が、誰に
Why	：なぜ、何のために
What	：何を
How	：どのようにして
How much	：いくらで
How many	：いくつ

PREP（プレップ）法

適切な情報伝達を行う手段のひとつ。
「結論→理由→例→結論」の順に話す。

Point	：結論
Reason	：理由
Example	：例（事例、具体例）
Point	：結論

PREP法を意識した話し方

日文メディカル社と進めていた新素材マスクの開発は見送りとなりました。その理由は、先行企業である文芸テクニカ社が昨日最新マスクのリリースを発表し、弊社開発のマスクはそれに対抗し得る特長が弱いためです。たとえば、セールスポイントにする予定だった繊維の柔らかさも、文芸テクニカ社のほうが勝っています。そこで同素材を使った別の製品の提案を進めます。

＜PREP法の効果＞

まず「結論」を提示することにより、相手が最も必要としている情報を最初に伝えることができます。

注意

落ち着いて簡潔に

相手に焦って伝えようとすると、つい早口になりがちです。悪い情報などはあわてずに結論から先に述べ、あとから理由や状況などを伝えます。上司はまず事態を正確に把握することが必要なので、落ち着いて簡潔に話すように心がけましょう。
話している途中で、上司にうまく説明できていないと感じた場合は、いったん自席に戻り、要点を整理し直してから再度報連相を行いましょう。

報告の鉄則

必要な時にすばやく

作業の開始前や作業の区切り、問題発生時、作業完了後など、上司に状況を聞かれる前にすばやく報告します。たとえば、毎朝決まった時間に上司に報告する習慣をつけると、上司も安心できます。

悪いことから先に

ミスをすると「叱られたくない」という思いが先に立ち、報告を後回しにしがちですが、重大な問題に発展する可能性もあります。

ミスやトラブルが発生したら、よい情報よりも先に報告します。

情報を整理して結論から伝える

短時間で正確に報告するために、まず結論を伝え、そのほかの情報は、あとから伝えましょう。

個人的な感想や意見などは含めず、ありのままの事実を整理して報告します。

理解しやすいように工夫する

年度別の売上高など、数字に関する情報は、口頭では伝わりにくい場合もあります。

必要に応じて項目を箇条書きにした報告書や資料を用意しましょう。

報告するときは

上司は、部下の作業が順調に進行しているか、問題が起きていないかを把握するために、随時報告を求めています。上司から状況を聞かれる前に、作業の進捗状況や変更点などを報告しましょう。きちんと報告してくれる社員には、上司も安心して仕事を任せることができます。

注意

相手の立場に立つ

報告するときは、適切な箇所で話を区切ったり、途中で相手に「ここまではよろしいでしょうか」と理解度を確認したりして、相手に考える時間を与えることが大切です。

息もつかせず、続けざまに話すだけでは相手が理解できないこともあります。

常に相手が聞きやすく、わかりやすい報告を心がけましょう。

報告の例

＜良い例＞

失礼いたします。○○の案件の途中経過についてご報告させていただきたいのですが、○分ほどお時間をいただけますでしょうか？

いいよ、どうした？

今日の会議では、判断材料となる資料が少なく、商品化の決裁は持ち越しとなりました。

ああ、そうなのか。

来週、水曜日に店頭アンケート調査結果が出る予定なので、それをもとに会議を行い、再び決裁をしてもらう予定です。

わかった。この情報も調べてみてくれ。

＜悪い例＞

あの、ちょっと今いいですか？

ん、どうした？

○○の件がなかなか大変で…。

え？何？

以前から思っていたとおり、やっぱり資料を集める時間がなくて、会議がうまくいきませんでした。

…ちょっと何言っているのかわからないから、整理してもう一回報告してくれる？

報告するタイミング

❶作業開始時

- □ 進め方の確認
- □ 予想される時間と期限
- □ 優先順位

❷作業の区切り

- □ 作業の進捗状況
- □ 完了までの見通し
- □ 疑問点などの確認

❸トラブル発生時

- □ 状況報告
- □ 推定被害
- □ 解決策

❹作業完了時

- □ 結果報告
- □ 付随する状況
- □ その後の展開

こんなときどうする？

Q 報告すべきことかどうかわからない

A 基本的に気づいたことはすべて上司に報告しましょう。自分にとってはささいなことでも、会社にとっては重要なこともあります。

Q 報告書を出すように指示された

A 130ページを参考にして作成します。上司への提出前に、一度先輩の意見を聞いておきましょう。

連絡の鉄則

情報を理解する

連絡は「伝言」ではありません。まずは正確に情報を把握し、どんな質問にも答えられるようにしておきましょう。

小さなことでもこまめに

小さなことでも情報を必要としている関係者がいることもあります。状況に応じ、こまめに連絡しましょう。

不足している情報は補う

必要に応じて、連絡事項の背景などを伝えたほうが、相手の理解を助ける場合もあります。

相手が誤った解釈をしないよう、正確な情報を補うことが必要です。

連絡が必要な場面

欠勤するとき

理由を問わず、欠勤するときは必ず連絡します。通院など、前もってわかっている場合には事前に連絡しておきましょう。

遅刻・早退するとき

必ず上司の許可をもらってから遅刻・早退します。前もってわかっている場合には事前に周囲の人に声をかけておくとよいでしょう。

遅刻・早退したあと

上司に「ご迷惑をおかけいたしました」とあいさつし、先輩や同僚にも声をかけておきましょう。届出書類の提出が必要な場合には早めに提出しましょう。

直行・直帰するとき

事前に上司の許可を得ておきます。用事が終わったら外出先から会社に電話を入れ、連絡事項などがないか確認しましょう。

連絡手段

口頭

最も早く事実を伝えられますが、記録に残りません。

電話

記録に残らないので、メールと併せて使うとよいでしょう。

メール

記録に残せますが、相手がいつ見るか確実でないため、リアルタイムのやりとりには不向きです。また、文面でのちょっとした言葉の行き違いが誤解を招く可能性があります。

文書

コミュニケーションツールとしては、最も信頼性の高いものです。複数の人に向けた連絡に適しています。

グループウエア

閲覧者や変更履歴などを確認することができます。

相談の鉄則

自分の考えを伝える

自分の考えが正しいかどうかを上司や先輩と話し合うことが相談です。答えだけを知るのではなく、考え方を吸収する場と理解しましょう。

迷ったら相談する

迷うことがあったら自分で解決しようとせず、早い段階で上司や先輩に相談しましょう。あらかじめ相談する内容を簡潔にまとめておくとよいでしょう。

相談後は経過を報告

相談された相手は、その後の経過を気にしているものです。
問題が解決したら忘れずに結果を報告し、お礼を言いましょう。

ワンポイント

お礼を忘れずに

誰かに相談したあとで問題が解決した場合は、必ずお礼の言葉を添えて報告しましょう。
そうすることで、別のお願いをする際にも快く応じてもらえるようになります。

相談の例

失礼いたします。××案件のことでご相談させていただきたいのですが、今よろしいでしょうか？

どうしたの？

作業が思うように進まないので、アルバイトの田中さんに手伝いを依頼したいと思っているのですが、いかがでしょうか？

どの作業が進んでいないの？

案内状を発送する作業です。全部で１万部あるのですが、まだあと5,000部残っています。

それは１人じゃ無理だね。田中君にも頼んでみて。

はい、ありがとうございます。

情報共有や課題解決に必須

会議の進め方と参加の心得

会議は社内外を問わず開催されます。準備を万全にして、積極的な態度で参加しましょう。

会議の種類

<table>
<tr><td>打ち合わせ</td><td>各案件の進行状況や予算、作業内容などについて確認し合う。</td><td rowspan="2">部内</td><td rowspan="2"></td></tr>
<tr><td>連絡会議</td><td>部門間やプロジェクト間での情報共有を図る。</td></tr>
<tr><td>定例会議</td><td>プロジェクトの進捗確認などのために定期的に開催される。</td><td colspan="2" rowspan="4">社内</td></tr>
<tr><td>問題解決会議</td><td>トラブル発生時に、その解決策について話し合う。</td></tr>
<tr><td>アイデア会議</td><td>複数の社員で企画や提案材料などを持ち寄り、その方向性や展開などを検討する。</td></tr>
<tr><td>経営会議</td><td>社長や役員などが会社の経営戦略について話し合う。</td></tr>
<tr><td>提携会議</td><td>企業同士が業務提携するために、経営幹部が話し合う。</td><td colspan="2">社外</td></tr>
</table>

会議の手段

対面式

オンライン
（ビデオチャット）

テレビ電話

会議の目的

会議は各種部門の社員が集まり、大小さまざまな議題について意見を交わす場です。参加するときは必ずメモ帳を持参し、気になる点はメモをとりましょう。わからないことは会議中や会議終了後に先輩に質問し、議題についての共通認識をもっておくことが大切です。

会社の常識！

会議の準備は、率先して行います。映像資料を使う場合はプロジェクター、プレゼンを行う場合はレーザーポインターなどが必要になることもあります。マイクやスピーカーなど、機材の動作チェックもしておきましょう。

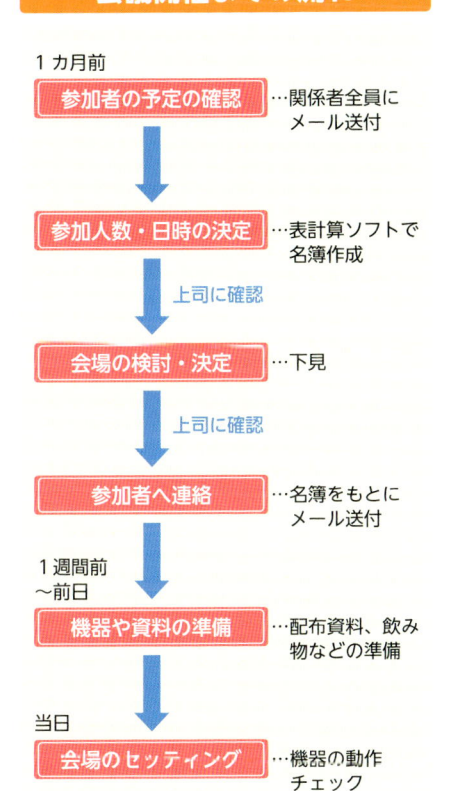

会場の確保

会議の開催が決まったら、参加人数を確定し、規模や議題に応じた会場を確保します。いすやテーブルの数が十分にあるか、必要な設備が整っているかなどを確認するために、事前に下見しておきましょう。

　社外で開催する場合は、参加者の移動距離が最短になるような会場を検討します。

会議開催の連絡

参加者には早めに会議開催の連絡を行い、関係者の都合がつくようにしておきます。

　参加者の都合を確認し、より多くの人が集まれる日時と会場を決めたら、確定した日時と会場を参加者全員にメールで送るなどして確認してもらい、誤解がないようにしましょう。

会議開催までの流れ

1カ月前

参加者の予定の確認 …関係者全員にメール送付

↓

参加人数・日時の決定 …表計算ソフトで名簿作成

↓ 上司に確認

会場の検討・決定 …下見

↓ 上司に確認

参加者へ連絡 …名簿をもとにメール送付

↓

1週間前～前日

機器や資料の準備 …配布資料、飲み物などの準備

↓

当日

会場のセッティング …機器の動作チェック

よくあるトラブル

- 配線がわからない
- 映像が映らない
- 資料が不足している
- 無関係の書類を配布した
- 空調が効いていない
- いす、テーブル、飲み物などが足りない

会議の席次

（❶❶から順に上座）

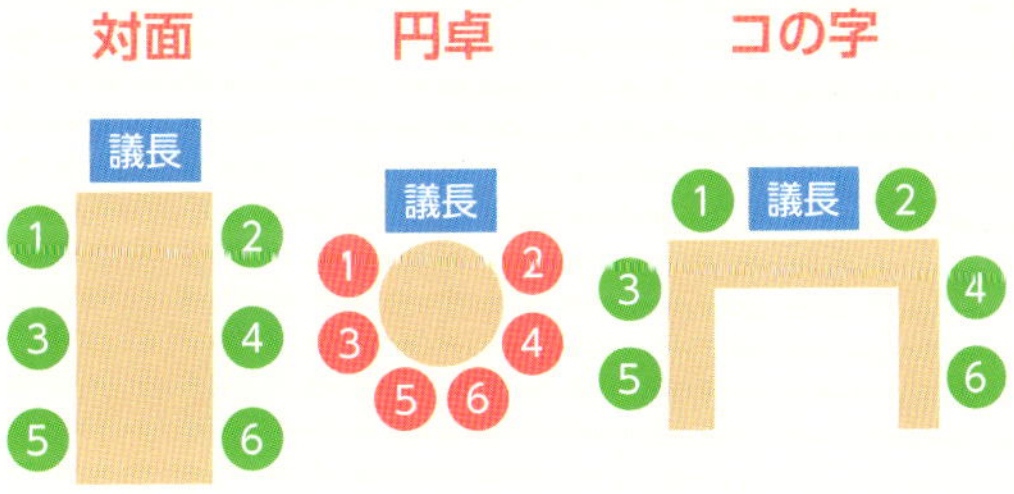
対面
議長
1
2
3
4
5
6
円卓
議長
1
2
3
4
5
6
コの字
1
議長
2
3
4
5
6

会議の流れ

開会宣言
→ 司会が会議のテーマや議題について説明

討　議
→ 発言者からの説明や参加者からの意見

決定事項・懸案事項のまとめ
→ 定例会議の場合は、次回開催日の連絡

会議に積極的に参加する

会議が始まったら、部門間の情報共有や各種プロジェクトの課題解決のために積極的に討議に参加します。事前に会議の資料を読み込んでおき、自分なりの意見や質問内容などをまとめておきましょう。常に討議の流れを把握し、議論の内容に沿った発言をするように心がけます。議論されている内容がわからなければ、ためらわずに質問することで、参加者全員が内容を理解できるように働きかけることができます。

こんなときどうする？

Q 会議の進行を手伝うことになった…

A 発言内容や進行状況を把握することはもちろん、空調の設定温度は適切か、最後列まで声が届いているかなど、会場全体に気を配りましょう。追加資料の配布などの段取りも確認しておきます。

会議中の態度

会議中は発言者の顔を見ながら発言内容をよく聞き、討議の重要事項などをメモして自分の考えをまとめます。

質問や意見などがあれば積極的に発言しましょう。そうすることで、真剣な態度で会議に臨んでいることを上司に伝えることができます。

会議中のマナー

姿勢を正す

背筋を伸ばし、足は組まずにそろえる

私語は慎む

周囲の人と会議に無関係なことを話すのは控える

あくびや伸びをしない

会議中はしっかり集中し、参加者に失礼になることはしない

デジタルツールを操作しない

議事録のためでも、スマートフォンやノートパソコンの使用は控える

中座は避ける

やむを得ない場合は上司に断ってから、参加者のじゃまにならないように退出する

こんなときどうする?

Q 質問したいときはどうすればよい?

A 質問や意見などがあれば、ほかの参加者の発言が終わってから挙手をしましょう。発言する際は、参加者全員に聞こえるように発声します。
感情的になったり相手を否定したりしないように気をつけ、簡潔でわかりやすい発言を心がけましょう。

会議が終わったら

原状回復が鉄則です。会議が終わったらテーブルを拭き、いすと併せて元の配置に戻します。飲み残しのお茶や紙コップなどはビニール袋などにまとめて入れ、ゴミも集めて捨てましょう。片づけが終わったら、機器の電源がすべてオフになっていることを確認し、借りたものがすべてであることを確認して返却します。

議事録を作成する

会議が終わったら、記憶が新しいうちに議事録を作成しましょう。メモを見つつ、上司に確認しながら作成し、完成したら参加者全員に配布します。会議では参加者の発言が聞き取りやすい位置に座り、各発言の要点を書きとっておきましょう。

被害を最小限に抑える
ミスやトラブルへの対応方法

仕事に失敗はつきものです。過度に落ち込まず、問題の原因を明らかにして対処法を練りましょう。

トラブル対応の流れ

トラブル発生

↓

上司に報告 ― 原因追究よりもまず報告

↓

対　処 ― 重大なトラブルは上司に対応を依頼

↓

原因追究 ― 関係者全員にヒアリング

↓

再発防止策を練る

↓

再発防止策の社内共有 ― 原因や経緯、再発防止策などを資料としてまとめ、上司の承認を得てから社員に周知

トラブル対応の基本

すぐに報告する

最初に、トラブルが発生したことを上司に伝えてから、詳細を報告しましょう。まわりくどい言い方は避け、簡潔に事実を述べます。

会社の代表としての自覚をもつ

トラブルの原因が自分にあれば、まず謝罪しましょう。対応が悪いと、会社全体が悪い印象をもたれます。

再発防止策を立てる

再び同じミスやトラブルが発生しないように原因を追究し、再発防止策を立てます。上司とともに冷静に原因を追究し、社内で共有しましょう。

トラブルが発生したら

まずはトラブルの状況をしっかりと把握しましょう。きちんと説明ができないと、上司も判断できません。60ページを参考に、上司に伝わりやすい報告を心がけます。ただし、状況把握に時間がかかるようであれば、先に上司へすみやかにトラブルが発生した旨を伝え、指示を仰ぎましょう。

言い訳はしない

トラブルが発生したらまず謝罪し、問題解決のために全力を尽くすことが先決です。

言い訳や自己弁護をすると、たとえそれが真実であろうと相手に誠意を疑われることがあります。どうしても言いたいことがある場合には、問題解決後に伝えるのがよいでしょう。

上司や同僚とのトラブル

上司や同僚は、今後も一緒に仕事をしていく仲間です。定期的に話し合う機会を設けるなどして、トラブルは早めに解決し、常に社内の人間関係を良好に保っておきましょう。

ハラスメントを受けた場合も、すばやい対応が解決につながります(46〜47ページ参照)。

社外対応の流れ

迅速かつ丁寧に対応

❶電話にて謝罪

まず謝罪し、「すぐにお話ししに伺いたい」と訪問の意向を伝える
相手が不在の場合はメールでその意向を示す

↓

❷メール・お詫び状にて謝罪

慎重に言葉を選び、上司にも文面を確認してもらう

↓

❸直接出向いて謝罪

重大性に応じて、上司にも同行してもらい謝罪する

具体的な対応の例

納期の遅れ	自社の都合を優先させて納期を遅らせるのは厳禁です。やむを得ず納期を遅らせなくてはいけない場合は、なるべく早く上司に報告し、許可を得てから取引先に連絡しましょう。
品質の悪化	発覚し次第、すみやかに社内関係者と情報共有を図り、必要であれば対策会議を開きます。
欠品・故障品	すみやかに取引先に謝罪し、新しいものを届けます。対応が早ければ早いほど、よい印象を与えます。
サービスの不足	相手の話は途中で遮らず、最後までよく聞きます。聞いた内容は社内共有を図り、同様のトラブルの発生を防ぎましょう。

叱責は成長のもと

上司や先輩に叱られたら

叱責は自分の行動を見直し、業務を改善するチャンスです。しっかりと受け止め、対応しましょう。

叱責を受けたら

- 叱ってもらうことに対して感謝する
- 反抗的な態度をとらない
(姿勢を正す、相手の顔を見る、はっきりと返事をする)
- 言いたいことがある場合は、相手が話し終わってから言う
- 泣かない

叱責に込められた意味

- 叱られた記憶を心にとどめ、失敗を学んでほしい
- なぜ叱られたのかを自分で考えて、今後に生かしてほしい
- 社内で叱っておかないと、社外で同じ恥をかく
- 部下の成長のため、嫌われ者になっても現実を教えたい

叱責は上司にも負担

上司にとって叱責という行為は、部下が思う以上に労力のいるものです。好きで叱っているわけではなく、あなたの成長を願い、あえて叱っているのです。叱責の内容をきちんと理解し、上司の期待に応えられるように今後に反映させましょう。

ワンポイント

気のもち方

叱られるとマイナス思考になり、集中力がそがれ、さらなる失敗につながる、という悪循環に陥りがちです。

過度にミスや失敗にとらわれず、業務を改善することに意識を向けましょう。

叱責を受けるときは

　叱られているときは、特に表情と態度に気をつけます。叱責を受けるということは、上司が自分を見てくれているということです。貴重なアドバイスを受けているととらえて姿勢を正し、真剣な表情で上司の叱責を受けとめましょう。言い訳は慎みます。

叱責を受けたあとは

　自分の席に戻ったらすぐ、注意を受けた内容をノートなどにまとめましょう。記憶が新しいうちに考えを整理することで、同じミスをする確率が減少します。

　また、自分以外の人にも起こりうることであれば、その人に注意の内容を伝え、情報の共有を図りましょう。

こんなときどうする？

Q どうしても滅入って仕事に集中できないときは？

A 一日中気分がすぐれない状態が続く場合は、無理せず早めに専門機関を受診しましょう。
極度のストレスは体調を崩す原因となり、普段なら乗り越えられるストレスも、よりつらく感じてしまいます。仕事や日常生活に支障が出る前に、早めに解決しておきましょう。

小さなミスを減らす方法

- 社会人として適切な言動と行動を身につける
- 相手の立場に立って物事を考える
- 上司や先輩の承認を得ながら仕事を進める
- 案件の動向に関して、常に注視しておく
- あやふやな箇所があれば自分で調べたり、上司や先輩に確認したりする
- 見切って行動しない
- 段取りを理解し、チェックリストなどを作っておく

Column

あると役立つ便利グッズ

市販の事務用品や小物の中には、便利な機能がついたものがあります。気になったものがあれば、ぜひ文房具店や家電量販店などで探してみてください。

文字が消せるボールペン

高温になると消える特殊なインクを使用しており、ペン先と反対のラバー部分でこすると、書いた文字が摩擦熱で消えます。手帳に色文字で書き込みたいときなどに重宝します。社内や会社間での正式な手続きとして記入する書類や、一定期間の保管が会社に義務づけられている書類などには使用できません。

クリップボード

書類を挟めば、手元が安定した状態で記入できます。会議の配布資料などに書き込みをしたり、歩いて移動しながらメモをとったりするときに便利です。

針が不要なステープラー

紙に穴をあけて折り込むので、針がなくても書類を綴じることができます。資源節約になるほか、針でけがをする心配がなくなります。

モバイルバッテリー

スマートフォンなどの携帯端末が出先で電池切れになってしまった場合、これを使って充電することができます。スマートフォンを２回充電できる大容量のものもあります。

第4章

対面コミュニケーションのマナー

Keyword

- コミュニケーション
- 相づち
- 空間管理
- クッション言葉
- イエス・バット法
- 敬　語

ビジネスを円滑に進める

コミュニケーションの基本

良好なコミュニケーションは仕事の成果につながります。常に相手を意識して仕事をしましょう。

コミュニケーションの基本的な考え方

タテの関係を意識した双方向コミュニケーション

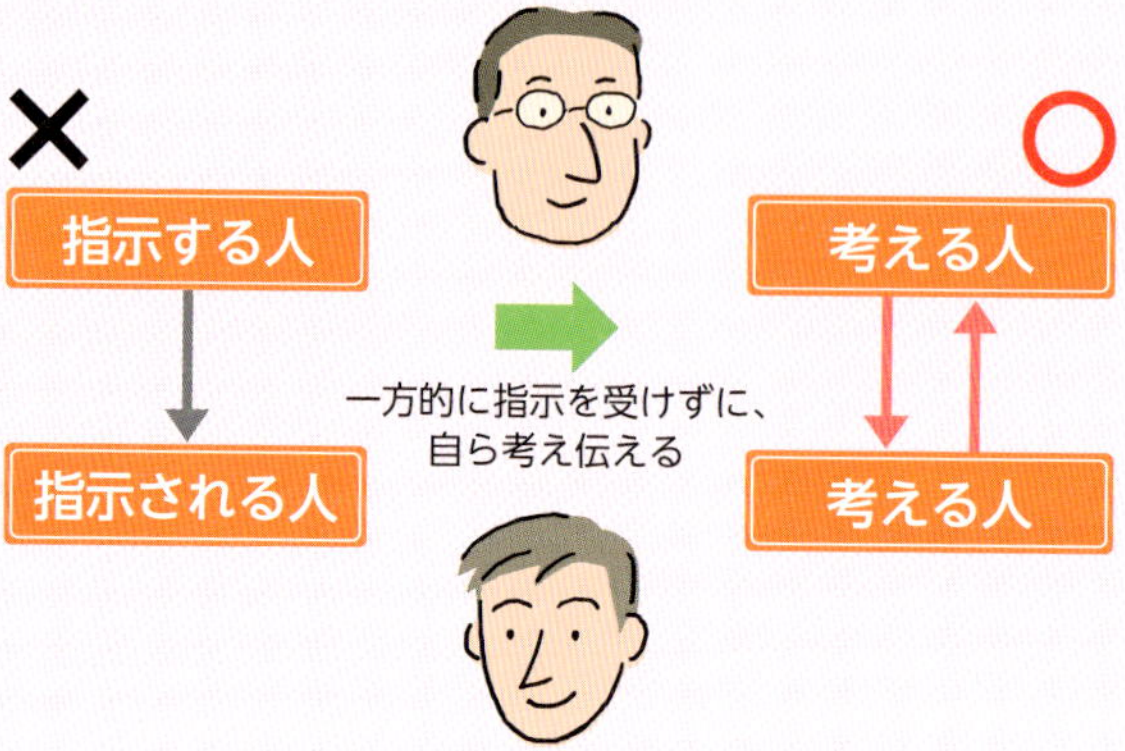

×
指示する人
指示される人
一方的に指示を受けずに、自ら考え伝える
○
考える人
考える人

人の話をよく聴く

- 相手の目を見ながら気持ちを集中して話に耳を傾ける
- 相手の語調やボディーランゲージをよく観察し、真意を知る

相手の話に適切な返事をする
「聞く」ではなく「聴く」

コミュニケーションの重要性

コミュニケーションは組織の神経です。コミュニケーションがうまくとれないと、その人が属する部署や関係者、会社全体の機能が低下し、それぞれが十分な力を発揮できなくなってしまいます。社会人として、コミュニケーション能力の基本を身につけておきましょう。

ワンポイント

自ら考える人になる

上司と部下は、単純に「指示する人と指示される人」という関係ではありません。部下も自ら考え提案し、双方向コミュニケーションを図ることで、会社の組織力が発揮でき、仕事の成果につながるのです。

部下
上司

こんなときどうする？

Q 年下の先輩、年上の後輩にはどう接すればよいの？

A 会社では先に入社した人が先輩です。年下であろうと先輩にはきちんとした態度で接します。逆に年上の後輩にも敬意をもって接しましょう。相手によって態度を変えるのではなく誰に対しても敬意を払って接することで、よりよいコミュニケーションが生まれます。

快適空間管理

状況に応じて立ち位置を変え、相手にとって快適な空間をつくりましょう。

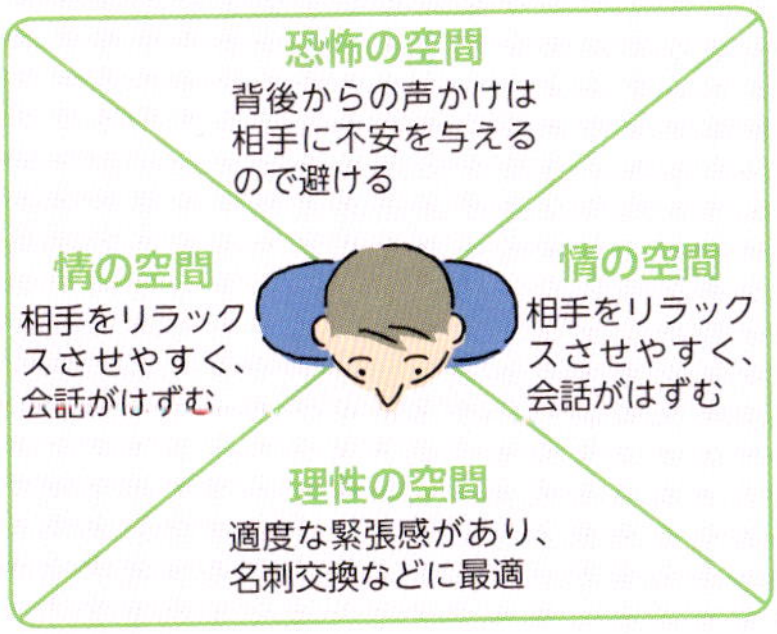
恐怖の空間
背後からの声かけは相手に不安を与えるので避ける
情の空間
相手をリラックスさせやすく、会話がはずむ
情の空間
相手をリラックスさせやすく、会話がはずむ
理性の空間
適度な緊張感があり、名刺交換などに最適

快適距離

人が生活するうえで、快適に感じる他人との距離

①公衆距離	パブリックな距離（互いに両手を伸ばした長さ以上に離れている距離）
②社会距離	ビジネス関係の距離（両手を広げた距離）
③個体距離	向かい合って親しみのこもった会話ができる距離（片手を広げた距離）
④密接距離	恋人、親友、親子など、親しい関係の人との距離（ひじから指先までの距離）

会話のメリット

❶時間当たりの情報量が多い

電話やメールなど、特定の機能に特化したコミュニケーションツールと異なり、しぐさや表情からも多くの情報を得られる。また、相手の真意を得られやすい。

❷相手の状態に応じて双方向的なコミュニケーションがとれる

メールとは異なり、質問や意見の交換がその場でできるうえ、携帯電話のように突然相手を呼び出して迷惑をかけるおそれがない。

❸基本的なコミュニケーション能力が磨ける

相手に合わせて話す内容を変える適応能力や、対面での交渉能力などを強化できる。

情報

情報を正しく受け渡す

仕事を円滑に進める話し方

会話はコミュニケーションの基本です。情報を正しく、わかりやすく伝える工夫をしましょう。

ビジネス上の会話の基本

ビジネスにおける会話では、情報を正しく、わかりやすく伝えることが重要です。そのためには、姿勢や発声、話すスピード、言葉の選び方などすべてに注意を払うことが必要です。話が相手に伝わっているかどうか、適宜確認するようにしましょう。

話し方のポイント

❶相手と良好な関係を築く

❷情報を正しく伝える

身ぶり・手ぶりを交える。たとえば左右の手を２人の人物に見立てるなど
背筋を伸ばす
相手が座っているときは前傾姿勢で目線を合わせる
フラフラしない
足をそろえる

注意

文を長くしすぎない

わかりやすく相手に伝えようとして具体例などを挙げすぎると、逆に一文が長くなり、相手も自分もわかりにくくなります。

相手がすでに知っている内容などは省き、適切な長さで要点のみを話すように心がけましょう。

表情・視線

会話をするときは、しっかり相手の目を見ます。目を見ると緊張する人は、ときどき顔の周辺に視線を外してもかまいません。

特に大切なポイントを話す際には、視線を合わせることで相手に真剣さが伝わり、熱心に話を聞いてもらうことができるでしょう。

良い報告

表情を明るく、顔を上げてハキハキと話しましょう。

商品やサービスの紹介

オドオドせず、自信をもって重要な部分を強調するように話しましょう。

ミスや失敗の報告

笑顔は厳禁。神妙な表情で反省しながら、謙虚な姿勢で話しましょう。

相手に正しく伝えるコツ

声

- 大きな声ではっきりと話す
- 正しい発音を心がける
- 聞きやすいスピードで話す
- 話の間《ま》を意識する
- イントネーションや方言に注意する
- 語尾まではっきりと発声する

言葉の選び方

- わかりにくい外来語、専門用語、二字熟語などを多用しない
- 正しい敬語を使う
- 主語と述語を離しすぎない
- 一文を長くしすぎない

抑揚・スピード

重要なポイントは抑揚をつけて話すと、相手も何が重要なのかを把握しやすくなります。通常よりも大きめの声でゆっくりと話しましょう。

難しい説明の場合は、間《ま》をとってゆっくり話すなどの工夫もしてみましょう。

ワンポイント

自分から先に話す

いくら丁寧で好感のもてる話し方ができても、誰かから話しかけられるまで自分から話さない人は意欲を感じてもらえません。

仕事では、関係者全員が最新の情報を知っている必要があります。常に自分から関係者に話しかけることを意識しておけば仕事がスムーズに進み、問題が起きてもすぐに対処することができます。

印象のよい話し方

話し方の違いにより、人間関係がよくなったり悪くなったりします。相手が忙しいようであれば簡潔に話す、相手が感情的になっているようであればゆっくり話すなど、相手に配慮した話し方を心がけましょう。

たとえば、相手の話に賛同できない場合などは、イエス・バット法などを使うと、角を立てずに話すことができます。

イエス・バット法

相手の話をいったん聞き入れたあとで反論を述べる手法

そうではなくて…

↓

確かにその考え方もあります。しかし…

提案・説得するときは

自分の考えを述べるときは、相手の判断材料となる情報を準備しましょう。明確な根拠を提示して述べれば、自分の考えが採用される可能性は高まります。

新しい考えの採用にはリスクも伴うので、考えられるリスクとその対処法も明示しておきましょう。

リスクへの対処法

難しそう…

➡成功する根拠や成功事例を示す

そんな時間はない

➡効率的にできる手法を示す

資金がない

➡具体的な数値データを示す

提案・説得の例

失礼いたします。○○プロジェクトの製品発送についてご提案させていただきたいのですが、お時間よろしいですか？

いいよ。

現在は１日約10箱の製品を発送していますが、受注してからの梱包なので、発送までに時間がかかります。そこで、確実に発送する10箱分を毎日アルバイトに梱包させてはいかがかと思うのですが。

そうか、でも予算がないんだよな。

確かに予算は限られております。ですが、現在は社員が梱包作業を行っているので、それよりも賃金の安いアルバイトに梱包させ、社員には別の仕事をさせれば作業効率も上がりますし、１カ月で約50,000円の経費削減にもなります。

そうなのか。わかった、じゃあ会議の議題に入れるか検討するから、書類にまとめてくれるか。

よい話し方と悪い話し方

○よい話し方

取引先から、見積金額について交渉したいとの連絡が入っています。私としては調整可能な範囲と考えており、先方との関係維持のためにも受け入れられたらと思うのですが、ご意見をお聞かせください。今回提示しておりました見積金額は～

※会話の目的が「金額調整の相談」であることがすぐにわかる

×悪い話し方

先ほど取引先から電話がありました。3 日前に新サービスの見積書を提出しているのですが、先方とは10年来の取引で、今回のほかにもいろいろお世話になってきました。サービス内容に対し、金額の調整が難しいという話になっており～

※経緯はわかるが、何を相談したいのかがわからない

同僚との会話にも気を配る

親しい同僚が相手でも、仕事上の会話である以上、プライベートのときとは異なります。社内顧客（50ページ参照）としてふさわしい会話を心がけましょう。ケジメのない会話をしていると周囲にも悪い影響を及ぼし、上司や社外の顧客との会話の中でも、ついなれなれしい言葉遣いが出てしまうことがあります。

正確に効率よく情報を得る
仕事を円滑に進める聞き方

有益な会話をするには、相手の話をよく聞くことが不可欠です。聞き上手は有益な情報も得られます。

聞き方のポイント

❶相手から多くの情報を引き出す
❷情報を正確に聞き取る

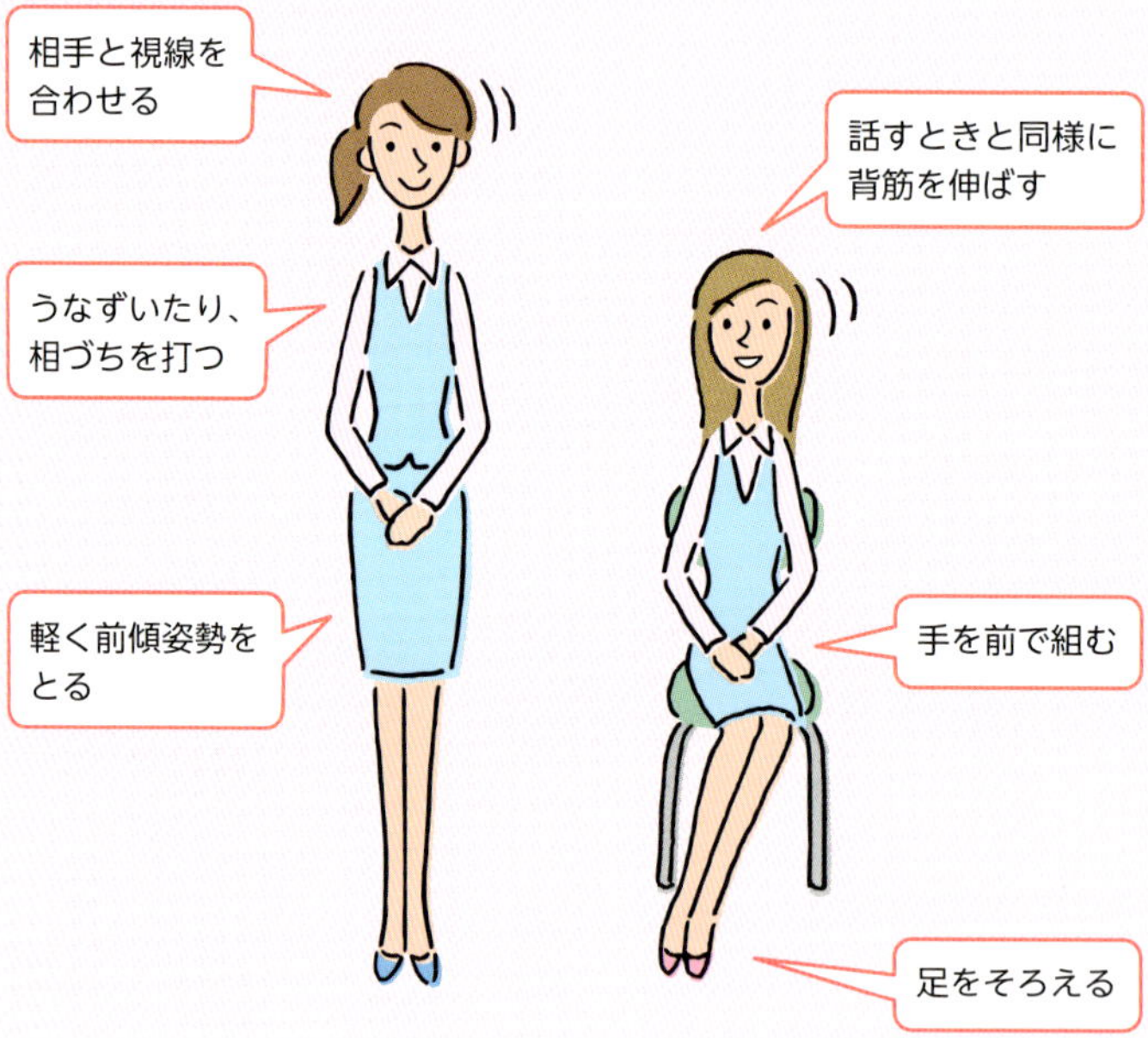
相手と視線を合わせる
うなずいたり、相づちを打つ
軽く前傾姿勢をとる
話すときと同様に背筋を伸ばす
手を前で組む
足をそろえる

聞くときに気をつけること

相手の話を聞くときは、相手と視線を合わせ、しっかりと話を聞いていることを表情で伝えます。

適度に相づちを打ち、重要なことやポイントを復唱することで内容を理解していることを伝えることができ、内容を記憶にとどめる効果も得られます。

ワンポイント

視線の位置

相手によっては、ずっと見られることを嫌がる場合もあるので、ときどき視線を外し、相手が話しやすいようにします。ただし、あまり視線を動かすと早く話を切り上げたいように見えるので注意しましょう。

相づちを打つ

会話の中で相づちを打つと、相手はこちらが話を聞いていることを認識でき、安心して話を続けることができます。相づちにはさまざまなものがあるので、会話の内容に応じて使い分けましょう。また、言葉で相づちを打つだけではなく、納得のいくポイントでうなずくことも効果的です。相手がわかる程度に頭を傾けてうなずきましょう。

こんなときどうする？

Q 上司に「うんうん」と相づちを打ってもよい？

A 互いの職位や年齢などが近く、相手の気分を損ねていないのならかまいませんが、誤解を与えないためにも、新入社員は使わないほうが賢明です。
基本的に「うん」は使わず、「はい」などを使いましょう。「はいはい」は失礼にあたります。

上手に聞くコツ

意　識

- 相手の言いたいことを見つける
- 前後関係や因果関係を把握する

行　動

- 相づちを打つ
- 復唱する
- メモをとる
- わからないことは確認する

相づちの例

言葉の区切れ目に打つ
「はい」「確かにそうです」
「おっしゃるとおりです」

感心を表す
「本当ですか」「それは驚きですね」

謙遜する
「私などまだまだです」
「いえいえ、とんでもないことです」

相手をねぎらう
「お疲れさまでした」「大変だったのですね」

注意

タイミングを計る

相づちやうなずきは、ただすればよいというものではありません。会話をさえぎったりしないように、タイミングを計りましょう。過度に相づちを打ったりうなずいたりすると、適当に話を聞いている印象をもたれます。
また、相づちはいつも同じ大きさや速さで言わず、感心しているときはゆっくり「はい」と言うなどの工夫をするとよいでしょう。

メモをとりながら聞く

メモは自分の身を守る大切なツールです。会話のポイントはメモをとり、あとで内容を思い出しながら見返すと、記憶の整理に役立ちます。

常にメモ帳を携帯し、誰かに呼び止められたらすぐに取り出す習慣をつけましょう。その際も必要なときだけメモをとり、基本的には相手を見るようにします。

メモの例

鈴木さん　4月15日
10:00

・現場実習レポートをすみやかに提出すること

本日17:00までに人事部へ

メモする項目

- 相手の名前
- 日時
- 要件
- 自分がするべきこと

確認する

聞き逃してしまった部分や、自分の解釈に不安な点がある場合は、必ずその場で確認しましょう。恥ずかしがったり、相手に対して悪いかな、などとためらったりすることこそよくありません。

復唱したり、自分の言葉で言い換えたりして確認すれば、誤解を生む可能性が少なくなります。

確認の例

聞き逃したとき

申し訳ございません。
今のところをもう一度お聞かせいただけますか？

聞き取った内容に不安があるとき

○○ということでよろしいですか？

または

今、○○とおっしゃいましたか？

注意

相手の言ったことをすべて聞き返していると、会話が進まず、相手にも不快感を与えます。
指示内容をすべて聞き終えてから最後にまとめて確認することが大切です。調べればわかることなどを確認するのは避けましょう。
ただし、迷ったらその場で確認するのが無難です。

依頼はすぐに実行する

何かを依頼されたときは、できる限り迅速に対応して、相手に与える印象をよくしましょう。会話の中で期日も確認しておけば、その後の対応がスムーズになるでしょう。

自分の業務が忙しいときでも、依頼されたことはすぐに実行します。まずは10分程度取りかかってみて、時間がかかりそうであれば、上司に経過を報告し、自分の業務との優先順位を確認するとよいでしょう。

依頼されたことを中断する場合は必ず進捗状況をメモし、そのまま放置することのないようにします。

会社の常識！

依頼の中には、優先順位が低く見えても、すみやかな対応が必要なものもあります。上司からの依頼はすぐに実行する姿勢が大切です。

聞くときにしてはいけないこと

相手の話をさえぎる

相手の話を途中でさえぎるのは失礼です。
相づちやうなずきはタイミングが大切なので、会話の区切りにタイミングを合わせ、相づちを打ったり、うなずいたりしましょう。

2度目の話を聞き流す

たとえ以前に聞いたことがある話でも最後まで聞きましょう。状況が変わっていたり、重要であるがために何度も話していることもあります。
話を聞いたあとは、改めて内容を心に留めておきましょう。

すべてに「はい」と言う

相づちを打つときに「はい」ばかり使うと、逆に話を理解していないように見え、相手の言葉のすべてに「Yes」と答える「イエスマン」だと思われてしまいます。状況に合わせてさまざまな相づちを使いこなしましょう。

話の腰を折る

相手の話に関係なく、自分が言いたいことばかりを言っていると、相手は話をする気が失せてしまいます。
会話を「相手を理解する場」ととらえ、話を掘り下げて聞いてみると、新たな発見があるかもしれません。

思いやりの一言が、話を円滑に進める
クッション言葉の基本

クッション言葉を使えば、言いにくいことでも相手に気持ちよく聞いてもらうことができます。

クッション言葉のポイント

クッション言葉とは…

相手にお願いする場面で、敬意を表しながら、話の印象をやわらかくする言葉

使える場面

- 依頼する
- 交渉する
- 確認する
- 断る
- 提案する
- 催促する

効　果

- 依頼や断りの際に丁寧さが伝わる
- 相手の心証が悪くなるのを防ぐ
- 相手が理解しやすくなる
- 語感が優しくなり、ソフトな印象を与えられる
- 相手が自主的に行動しやすくなる

クッション言葉の役割

クッション言葉をひと言添えると、言いにくい内容も伝えやすくなり、相手も自分に敬意が払われていると感じることができます。

いつも同じフレーズだと耳障りになるので、状況に応じて使い分けるとよいでしょう。

依頼するときのクッション言葉

「恐れ入りますが…」
➡相手にへりくだる態度をとり、協力を得やすくする

恐れ入りますが、今しばらくお待ちいただけますでしょうか。

「お手数ですが…」
➡相手にとらせる手間を理解していることを伝えて、協力を得やすくする

お手数ですが、こちらの書類に署名と捺印をお願いできますでしょうか。

「よろしければ…」
➡直接的に依頼せず、相手に判断をゆだねる形にする

よろしければ、私が代わりにご連絡をいたしますが、いかがでしょうか。

「お差し支えなければ…」
➡「よろしければ…」と同様

お差し支えなければ、のちほど封書にてご自宅宛てにお送りいたしましょうか。

「ご面倒をおかけいたしますが…」
➡「恐れ入りますが…」と同様

ご面倒をおかけいたしますが、早急にご対応いただけますか。

「ご都合のよいときで結構ですので…」
➡期日にゆとりをもたせ、相手が話を受けやすくする

ご都合のよいときで結構ですので、ご希望の日時を教えていただけますか。

「お手をわずらわせますが…」
➡「お手数ですが…」のさらに丁寧な表現

お手をわずらわせますが、なにとぞよろしくお願いいたします。

「ご足労ですが…」「ご足労をおかけしますが…」
➡相手の移動の手間を理解していることを伝えて、協力を得やすくする

ご足労ですが（ご足労をおかけしますが）、当社にお越しいただけますか。

依頼するときは

せっかくクッション言葉を使っても「〇〇してください」と頼んでは意味がありません。

言葉の末尾を「〇〇していただけませんか」「〇〇していただくことは可能でしょうか」などと疑問形にし、相手に判断をゆだねる聞き方にしましょう。

こんなときどうする？

Q 「よろしければ…」と依頼したら断られた…

A どうしても依頼を聞いてもらわなければならないときは、「よろしければ…」など相手に判断をゆだねる聞き方はせず、「恐縮ですが…」などのクッション言葉や「〜していただけませんか」などの否定依頼形を使いましょう。断られてしまったら、どうしても協力してほしい旨を伝えましょう。

断るときのクッション言葉

期待に応えられず残念に思っていることを相手に伝える

「あいにくですが…」

あいにくですが、部長の山田は席を外しております。

「せっかくですが…」

せっかくですが、お引き受けいたしかねます。

「お気持ちはありがたいのですが…」

お気持ちはありがたいのですが、今回は予算の関係でお受けいたしかねます。

「申し上げにくいのですが…」

申し上げにくいのですが、お打ち合わせの時間をおとりすることはいたしかねます。

「誠に残念ですが…」

誠に残念ですが、社内で検討した結果、見送りとなりました。

「お役に立てず申し訳ございませんが…」

お役に立てず申し訳ございませんが、今回は辞退させていただきます。

依頼を断るときは

依頼を断るときはクッション言葉を使い、声をかけてくれたことに感謝の気持ちを表したうえで、丁寧に断ります。語尾には「できません」など否定的な言葉ではなく、「いたしかねます」などの表現を使いましょう。

今後もつき合っていく相手であれば、積極的に代案を提示するなどして、やむを得ずに断ったことを理解してもらう努力が必要です。

ワンポイント

代案を提示する

依頼されたときの条件では無理でも、交渉次第で受けられそうな案件であれば、代案を提示しましょう。
誠実さをアピールでき、一緒に仕事をしたいという気持ちを相手に伝えられます。

提案や反論をするときは

相手によってはプライドが高く、提案されたり反論されたりすること自体を嫌がる人もいます。

感情的にならず、相手への配慮を忘れることなく、角が立たない表現を使うように心がけましょう。

反論するときのクッション言葉

- 相手への理解を示したいとき → お気持ちはわかりますが…
- 相手への理解を示したいとき → おっしゃることはごもっともですが…
- 相手の心証を必要以上に悪くしたくないとき → 失礼とは存じますが…
- 強く反論したいとき → お言葉を返すようですが…

催促するときは

期日を過ぎても相手が連絡してこない場合などは、相手を責めるような言葉は使わず、事情をくみ取り、相手に配慮した表現で話すように心がけましょう。期日の再確認も忘れずに行います。

催促時のクッション言葉

- 支払いはまだですか？ → お支払いについてはどのような状況でしょうか？
- ○○の件、どうなっていますか？ → ○○の件、その後いかがでしょうか？

ワンポイント

あとよし言葉

会話では、あとから話した内容ほど相手の心に残りやすいという特徴があります。「納期の延長はいたしかねますが、ほかの作業は協力いたします」というように、できるだけ悪い内容を先に話すようにすると、相手の協力を得やすくなります。このような「あとよし言葉」は、相手からの依頼や提案を断る以外に、自分が提案する際にも活用できます。

相手に敬意を払い、良好な人間関係を築く

正しい敬語の使い方

すべての顧客に敬意を払い、気持ちよく仕事を進めるために敬語を活用しましょう。

敬語の種類と役割

尊敬語

上司や先輩のほか、社外の顧客などに対して用い、相手の状態や動作に敬意を払う

謙譲語

上司や先輩のほか、取引先などに対して用い、自分や自分が属するものを低く見せ、相対的に相手の立場を高め、敬意を払う

丁寧語

語尾に「です」「ます」を用い、表現を丁寧にし、相手に敬意を払う

敬語の使い方

敬語は、相手に敬意を払う言葉遣いであるだけでなく、敬語を正しく使うことで自分が常識ある社会人であることの証しにもなります。

最初から完璧に使うのは難しいので、まずは間違いを気にせず、とにかく使ってみましょう。徐々に正しい敬語を身につけていけば問題ありません。

会社の常識！

すべての顧客には敬語を使うのが基本です。敬語を使うことでコミュニケーションがとりやすくなり、仕事が円滑に進行します。

尊敬語の使い方

本来、尊敬語は目上の相手に対して使うものですが、ビジネスにおいては接する人全員に尊敬語を使うのがベストです。社外の顧客に対してももちろん同様です。

仮に相手がなれなれしい言葉遣いで話しかけてきても、自分は敬語を使うように意識します。言葉が緩むと、姿勢や態度にまで悪い影響を及ぼしかねません。

職位や年齢などに関係なく相手を敬い、一貫して敬語を使うように意識すれば、相手とのコミュニケーションのとり方でいちいち悩むおそれもなくなり、仕事が円滑に進みます。相手が同僚でも、勤務時間中は尊敬語を使うように心がけましょう。

尊敬語の作り方

❶動詞＋「れる」「られる」

- 書かれる
- 座られる

❷動詞＋「～てくださる」「～してくださる」

- 連れて行ってくださる
- 案内してくださる

❸「お」「ご」＋動詞＋「になる」「くださる」

- お聞きになる
- ご利用になる
- お話しくださる
- ご依頼くださる

❹別の言葉に置き換える

- 食べる　→　召し上がる
- 言う　→　おっしゃる
- 見る　→　ご覧になる
- 行く　→　いらっしゃる

よく使う尊敬語フレーズ

上司に来客を伝えるとき

○○社の鈴木様が
いらっしゃいました。

相手に書類などを送付したとき

よろしくご査収ください。

食事の有無を聞くとき

昼食は
召し上がりましたか？

相手に希望を聞いたり判断を仰ぐとき

どのようになさいますか？

謙譲語の使い方

謙譲語は尊敬語と同じく、目上の人に対して使いますが、自分の立場を下げることで相手を高めるという点で異なります。主に自分自身または自社の社員の動作や状態を、取引先などに伝えるときに使います。

使い方を間違えると、相手の立場を下げた言い方になるので気をつけましょう。

謙譲語の作り方

❶動詞＋「（させて）いただく」

・同乗させていただく
・見せていただく

❷「お」「ご」＋動詞＋「いたす」「申し上げる」

・お探しいたします
・お連れいたします
・お渡し申し上げます
・ご連絡申し上げます

❸「お」「ご」＋動詞＋「いただく」

・お待ちいただきます
・ご手配いただきます

❹別の言葉に置き換える

・会う	→	お目にかかる
・見る	→	拝見する
・聞く	→	うかがう
・言う	→	申す
・もらう	→	いただく
・する	→	いたす

注意

尊敬語と混同しない

「いたす」「差し上げる」などの謙譲語は、動作の主体の立場を下げる言葉です。「もう一度申してください」といったように相手の動作に使うと、相手の立場を下げてしまい失礼になるので注意しましょう。

使いすぎに注意

不必要に謙譲語を使うと、相手が嫌味を言われているように感じる場合があります。状況に応じて適切に使いましょう。

よく使う謙譲語フレーズ

何かをもらいたいとき

○○をいただけますか？

入室するとき

失礼いたします。

相手にものを渡すとき

差し上げます。

何かを聞くとき、どこかに行くとき

うかがいます。

尊敬語・謙譲語一覧表

普通表現	尊敬語	謙譲語
する、行う	される、なさる	いたす、させていただく
行く、訪ねる	いらっしゃる、行かれる	伺う、参る、参上する
来る	いらっしゃる、お見えになる、お越しになる	
いる	いらっしゃる	おる
会う	お会いになる、会われる	お会いする、お目にかかる
帰る	お帰りになる、帰られる	おいとまする、失礼する
言う、話す	おっしゃる、言われる	申す、申し上げる
聞く	お聞きになる、聞かれる	伺う、拝聴する
見る	ご覧になる	拝見する
見せる	お見せになる	ご覧にいれる、お目にかける
読む	お読みになる、読まれる	拝読する、読ませていただく
知る	ご存じ	存じる、存じ上げる
わかる	おわかりになる	承知する、かしこまる
(物を) あげる	(自分に) くださる	(相手に) 差し上げる、献上する
もらう	お受け取りになる、お納めになる	いただく、ちょうだいする、拝受する
食べる	召し上がる	いただく、ちょうだいする

丁寧語・美化語の使い方

相手との上下関係によらず相手に敬意を払う言葉が、丁寧語と美化語です。丁寧語は、文末に「です」「ます」などをつけたり、言葉を置き換えたりします。美化語は、名詞の頭に「お」や「ご」をつけます。同僚や後輩など尊敬語を使う必要がない相手にも丁寧語や美化語を使えば、品格のある印象を与えられます。

丁寧語・美化語の作り方

❶文末に「です」「ます」「ございます」をつける

・おはようございます

❷名詞の前に「お」「ご」をつける

・お名前　／ご氏名
・お心配り／ご心配
・お知らせ／ご通知

❸別の言葉に置き換える

・これ、あれ　→こちら、あちら
・ちょっと　　→少々
・さっき　　　→先ほど
・相手の考え　→ご意向
・自分の考え　→私見
・相手の同行者→お連れ様
・相手の自宅　→ご自宅、お住まい
・自分の自宅　→拙宅、小宅
・相手の子供
　→ご子息（男）、ご息女（女）
・自分の子供→息子（男）、娘（女）

注意

自分に美化語を使わない

自分の持ち物などに「お」や「ご」をつけると、自分に敬意を払っていることになるので注意しましょう。

「わたしは明日出張するご予定があります」や「わたしのお気持ちとしては～」といった使い方は間違いです。

話す際はすべての言葉を丁寧にしようとするのではなく、自分と相手の動作を明確に分け、相手の動作のみに敬意を払う意識が必要です。

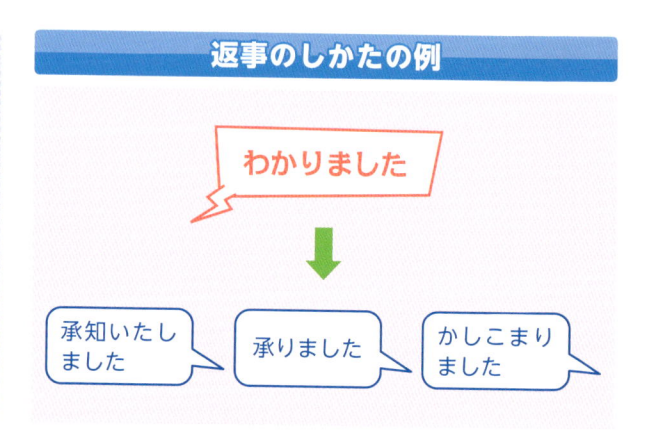

返事のしかたの例

わかりました

↓

承知いたしました

承りました

かしこまりました

会社の常識！

「お」や「ご」はすべての言葉につけられるわけではありません。「ズボン」や「ビール」などの外来語や、「置物」など「お」で始まる言葉につけるのは誤りです。

よく使われるビジネス用語

ご査収《さしゅう》 … よく確認して受領すること
ご高配《こうはい》 … 特別な配慮や心配りをすること
ご高覧《こうらん》 … 目上の人に見てもらうこと
ご足労《そくろう》 … 目上の人にある場所まで出向いてもらうこと
ご笑納《しょうのう》 … こちらからの贈物などを受領してもらうこと
ご容赦《ようしゃ》 … 失敗などをした相手を許すこと
ご高見《こうけん》 … すぐれている意見のこと

誤った敬語表現

相手にお願いするとき

システムの使い方を教えてください

↓

システムの使い方を教えていただけますか？

※「ください」は丁寧な表現ですが
相手への「命令」です

相手の動作について述べるとき

鈴木様がなさっていらっしゃった

↓

鈴木様がなさった

※「なさる」と「いらっしゃる」のように、
複数の敬語が入った「二重敬語」は誤りです

二重敬語の例

ご覧になられる → ご覧になる
お話しになられる → お話しになる

相手に物を渡すとき

こちらが予算表になります

↓

こちらが予算表でございます

※「なる」は、あるものが別のものに
変わるときに使います

相手からの勧めを断るとき

自分はいいです

↓

私《わたくし》は結構です

※自分のことを言い表すときは
「わたし（わたくし）」を使いましょう

Column

上司や先輩との会話のヒント

社会人はとにかく多くの人と会話をします。商談などの交渉ごとでは正確な情報をわかりやすく伝えることが重要ですが、場を和ませたり相手の情報を得たりして、本題に入りやすくする配慮も必要となります。

話しやすい雰囲気をつくるためのテクニックの一つが「雑談」です。初対面で性格がつかめていない相手の場合には、時事的な話題や打ち合わせ場所までの移動手段などの話題を出したり、何度か顔を合わせている相手の場合には、最近の仕事の状況を聞いたりしてみましょう。

会話が苦手な人でも、自分から積極的に話しかける努力を続ければコミュニケーション能力は確実に高まります。上司や先輩が同席している場合には、どのようにやりとりをしているか注意して聞き、参考にするのもよいでしょう。

自社の信頼感を相手に示さなければならない場所では、自分が新入社員であることを不用意に話してはいけませんが、すでに相手に知られている場合には逆に新入社員であることをアピールし、常識といえるようなことでも相手に質問してみるのも一つの方法です。

ただし、友人に対するようなくだけた態度で接したり、相手のプライベートに不必要に踏み込んだりすると、かえって相手が警戒したり、気分を害してしまったりする可能性があります。相手や状況に応じて適切な話題を選び、問いかけるように心がけましょう。

雑談は、情報交換の場であるとともに、相手との関係づくりの場でもあります。必要以上に話題にこだわらず、笑顔で明るく話すことを心がけましょう。

第5章

電話・FAXのマナー

Keyword

- 電話応対
- 5W1H／6W2H
- 取り次ぎ
- 携帯電話／スマートフォン
- クレーム電話
- FAX

効率よく情報を伝えよう
電話応対の流れ

新入社員にとって電話応対は基本の仕事です。すばやく正確、かつ丁寧に取り次ぎましょう。

電話応対8つの基本

❶会社の代表としての緊張感をもつ
❷正しい姿勢と笑顔で応対する
❸率先して応対する
❹ゆっくり、はっきり話す
❺丁寧な口調で話す
❻話の内容を復唱し、メモをとる
❼相手を長く待たせない
❽専門用語は使わない

明るくはっきりとした聞き取りやすい声で応対する
利き手と反対の手で受話器を取り、利き手でメモの用意をする
ひじをついたり下を向いたりして話さない
「はい、○○会社、××でございます」と出る

電話応対は仕事の基本

電話応対は、会社の代表としての行動が求められる大切な業務であるとともに、取引先や社内の関係者を知ることができる最もよい機会です。電話は積極的に取り、仕事に必要な知識を早めに吸収しましょう。

ワンポイント

取引先を覚える

近年、カタカナ表記の社名が多いなかで、知らない社名を正確に聞き取るのはなかなか難しいものです。

主要取引先のリストを先輩からもらったり、取り次いだ相手に社名を確認したりして、聞き取る精度を高めましょう。

よく使うあいさつ

相手が名乗らないとき

失礼ですが、お名前をお聞かせいただけますか？

保留を解除したとき

お待たせいたしました。

伝言を頼まれたとき

かしこまりました。申し伝えます。

相手の連絡先を聞くとき

恐れ入りますが、お名前と電話番号をお聞かせいただけますか？

電話を切るとき

××（自分の名前）が承りました。

電話の特性

特徴

- 声だけが頼り
- 相手の状況が見えない
- 記録が残らない
- コストがかかる

使うシーン

- 相手の返事が、今すぐにほしいとき
- お礼など、直接思いを伝えたいとき
- 細かいニュアンスを伝えながら相手に説明をしたいとき

応対のポイント

- にこにこ、はきはき、きびきびと応対する
- 簡潔にテキパキと話す
- メモや復唱で確認する
- 相手を気遣うひと言を入れる

こんなときどうする？

Q 電話応対が苦手…

A 自信をもって対応できるように、次のようなツールを作成して、電話のそばに置いておくとよいでしょう。

・基本的な電話応対フロー
（言い慣れない対応のフレーズを含む）
・自分の部署の座席表（氏名、内線番号）
・主要取引先一覧
（社名、担当者名、電話番号）

ワンポイント

発声のポイント

電話応対の際は、以下の点に注意して発声しましょう。

①姿勢を正し、あごを水平にする（あごを下げると気道がふさがり、声が前に明るく出ない）
②笑顔で口を大きく開け、明瞭に話す（笑声《えごえ》）

相手の気持ちを残さずくみ取る

電話の取り方

電話応対は流れを理解すれば難しくありません。積極的に多くの電話を取り、慣れていきましょう。

電話応対の流れ

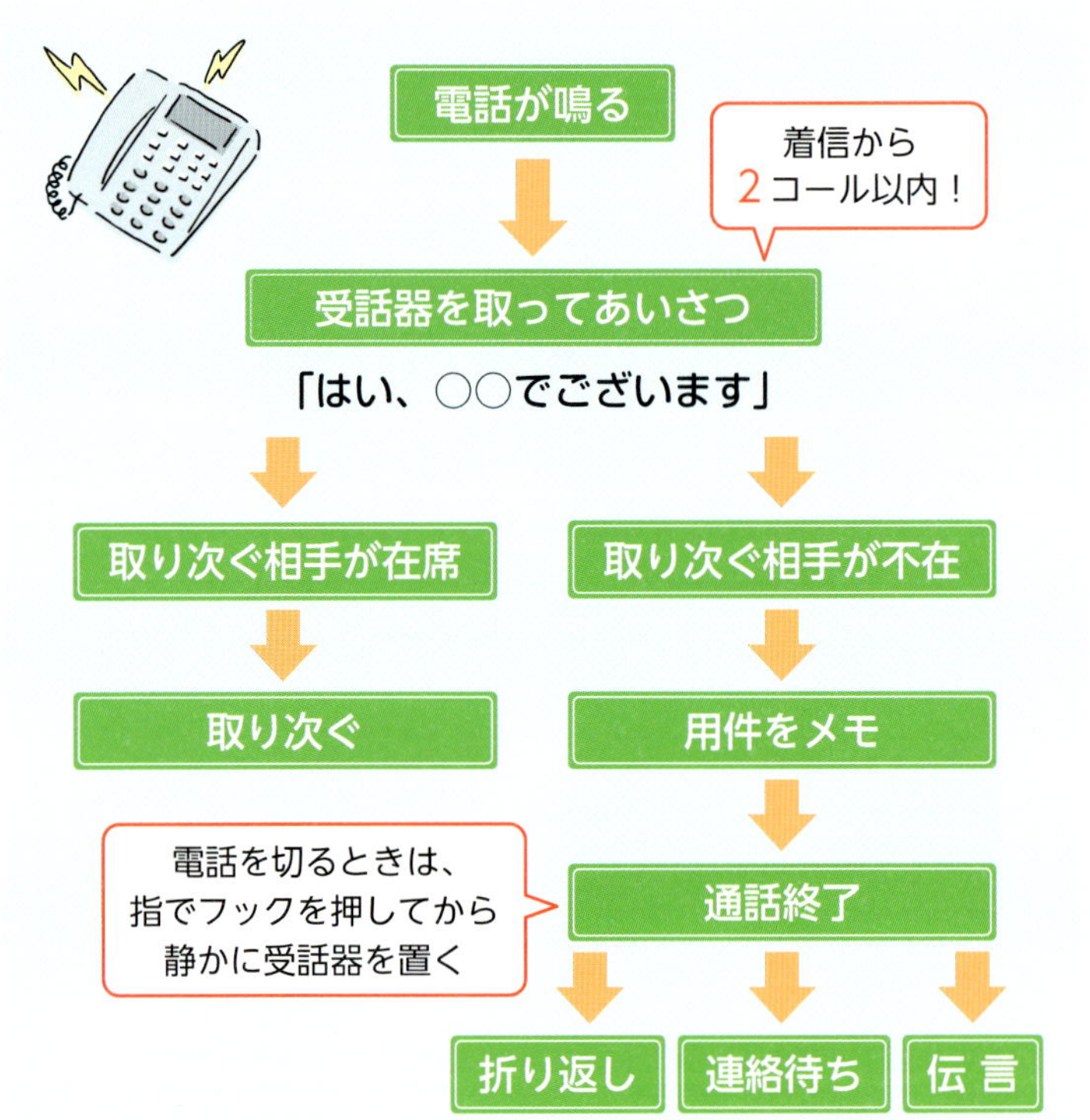
電話が鳴る
着信から
2コール以内！
受話器を取ってあいさつ
「はい、○○でございます」
取り次ぐ相手が在席
取り次ぐ相手が不在
取り次ぐ
用件をメモ
電話を切るときは、
指でフックを押してから
静かに受話器を置く
通話終了
折り返し
連絡待ち
伝言

電話を取ったら

電話を取ったら、まず「はい、○○株式会社でございます」などと社名を名乗ります。部署名も併せて伝えると、相手が正確な連絡先へ電話をかけているかどうかを確認できるので親切です。会社独自のルールがあることも多いので、事前に確認しておきましょう。

会社の常識！

電話応対にメモは欠かせません。常に机上の取りやすい場所に置いておくようにしましょう。

会社に電話応対専用のメモ用紙がある場合もあります。なければノートや手帳で代用します。

相づちを打つ

相手の話している間、こちらが長く黙っていると、相手は意図が伝わっているか不安になります。話の区切りには「はい」、相手の説明には「なるほど」など、状況に適した相づちを打ちましょう。

注意

相手が話している途中で、話をさえぎるように相づちを打つのは失礼です。話の節目を意識して相づちを打ちましょう。

聞こえにくいとき

相手の声が聞き取りづらいときはあいまいにせず、声が聞き取りづらいことをはっきりと伝えましょう。あいまいにしたまま話し続け、内容を誤って理解してしまうと、トラブルにもなりかねません。

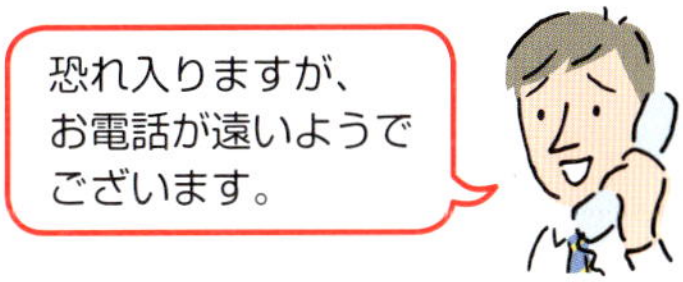
恐れ入りますが、
お電話が遠いようで
ございます。

やりとりの例

着信

はい、B株式会社、山田でございます。

M商事の佐藤と申します。

M商事の佐藤様でいらっしゃいますね。
お世話になっております。

研修日程の件でお電話いたしました。
総務部の鈴木様はいらっしゃいますか？

申し訳ございません。
あいにく鈴木はただ今ほかの電話に出ております。終わり次第こちらからお電話いたしましょうか？

それではお願いします。今日5時半までにお電話いただけますか？

承知いたしました。恐れ入りますが、念のためお電話番号をお願いいたします。

はい、03-1234-5678です。

03-1234-5678番、
M商事の佐藤様でいらっしゃいますね。
鈴木に申し伝えます。
わたくし山田が承りました。

よろしくお願いいたします。
失礼いたします。

失礼いたします。
（相手が切ってから電話を切る）

メモをとる

電話がかかってきたら利き手と反対の手で受話器を取り、利き手でペンを持って、通話内容をメモするくせをつけましょう。簡単な用件を聞いておけば、取り次がれた相手はスムーズに会話を始められます。聞いた内容を忘れて、あとでかけ直して確認することのないように、簡単な内容でもメモをとりましょう。

メモの例

鈴木様　4月15日
15:00

M商事の佐藤様より
電話がありました。

用件：
研修日程について

本日17:30までに
電話をくださいとの
ことです。
TEL 03-1234-5678

山田　受

メモする項目

- メモを渡す相手
- 電話応対した日時
- 電話をかけてきた相手の社名・名前
- 用件
- 折り返しの要不要
- 相手の電話番号
- 電話を受けた自分の名前

用件を確認する

用件については逐一確認をとりましょう。そうすることで、もし誤った理解をしていてもすぐにその場で指摘を受けることができます。

ワンポイント

用件の確認の仕方

「復唱させていただきます。……ということですね？」

名前を聞き直す場合

「恐れ入りますが、もう一度お名前をお聞かせいただけますか？」

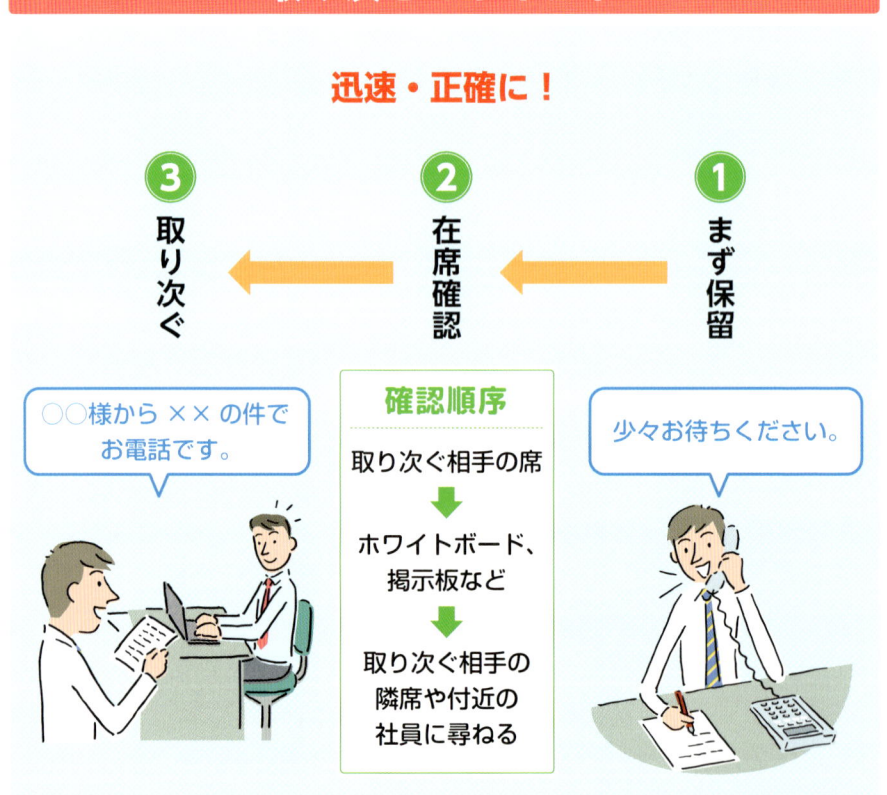

ワンポイント

相手の希望をくみ取る

担当者が不在のときは、相手に緊急かどうかを確認します。緊急であれば、担当者の携帯電話（会社支給のもの）に連絡し、外出先から折り返させます。相手が急いでいても、担当者の携帯電話番号を教えるのは避けましょう。

取り次ぎのポイント

迅速・正確に！

1. まず保留
2. 在席確認
3. 取り次ぐ

少々お待ちください。

確認順序

取り次ぐ相手の席

↓

ホワイトボード、掲示板など

↓

取り次ぐ相手の隣席や付近の社員に尋ねる

○○様から ×× の件でお電話です。

セールス電話がかかってきたら

取り次ぐ相手を指名せずに「○○担当の方」といった形で取り次ぎを希望する電話は、多くがセールス電話です。まず用件を聞き、明らかに会社に不必要なセールス電話の場合はお断りしましょう。

ワンポイント

断ってよいのかわからない場合

いったん電話を保留にし、取り次ぐ判断を担当者にゆだねます。取り次がないように言われたときは保留を解除し、丁寧に断って電話を切ります。

断り方

「結構です」などと乱暴に断らず、「担当者が不在です」など当たり障りのない言葉を選びましょう。

クレーム電話がかかってきたら

声の調子や第一声でクレームとわかったら、担当者がいる場合はとにかく丁寧・迅速に取り次ぐことが大切です。クレーム電話を受けたら、自分で解決しようとせず、とにかく担当者に対応をゆだねるようにしましょう。

クレーム対処法

おたくの商品買ったら壊れてたんだけど！どうしてくれるの？

ご迷惑をおかけして申し訳ございません。詳しくお伺いいたしますので担当の者におつなぎいたします。少々お待ちいただけますでしょうか？

注意 相手の話を途中でさえぎらないこと。大まかな内容がわかったら、すみやかに担当者に取り次ぎましょう。

こんなときどうする？

Q クレーム電話に対応する担当者が不在の場合はどうすればよいの？

A まずは丁寧にお詫びの言葉を伝え、用件を伺い、担当者から折り返し連絡するように手配しましょう。

Q 間違い電話にはどう対応したらよいの？

A 相手がかけている電話番号を聞き、番号の押し間違いであればその旨を伝え、自社の番号であれば用件を聞いたうえで担当者に取り次ぎましょう。

会社の常識！

社外の相手との通話で社内の人の名前を言う場合は、敬称や役職名などをつけず、名字のみにします（例：「部長の鈴木」「○○部の佐藤」）。

電話のかけ方

相手への配慮、正確な情報伝達が必須

電話をかける前に相手に伝える内容をまとめ、簡潔でわかりやすい表現で話しましょう。

電話をかけるときの流れ

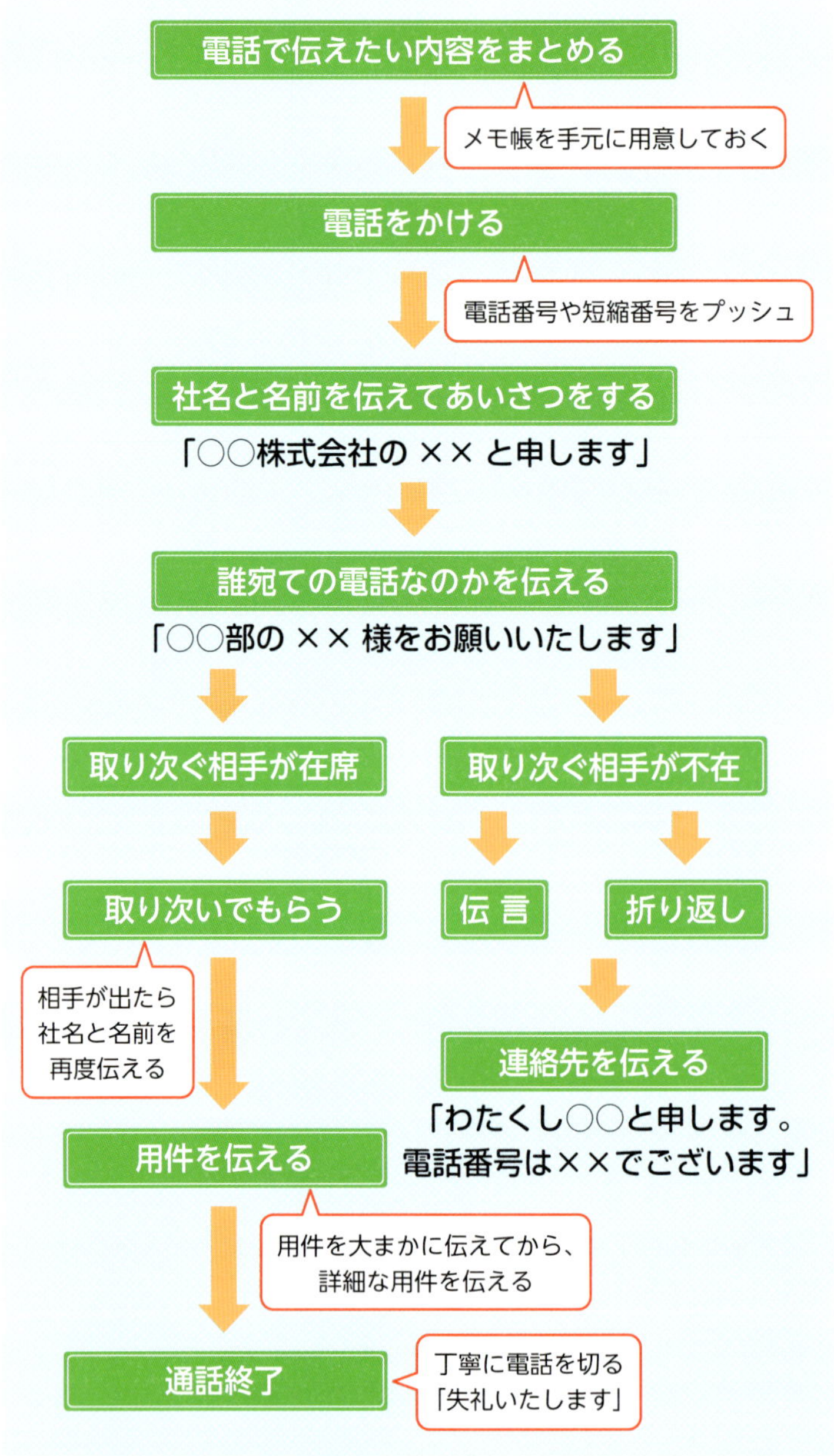

電話で伝えたい内容をまとめる
メモ帳を手元に用意しておく
電話をかける
電話番号や短縮番号をプッシュ
社名と名前を伝えてあいさつをする
「○○株式会社の ×× と申します」
誰宛ての電話なのかを伝える
「○○部の ×× 様をお願いいたします」
取り次ぐ相手が在席
取り次ぐ相手が不在
取り次いでもらう
伝 言
折り返し
相手が出たら社名と名前を再度伝える
連絡先を伝える
「わたくし○○と申します。電話番号は××でございます」
用件を伝える
用件を大まかに伝えてから、詳細な用件を伝える
通話終了
丁寧に電話を切る「失礼いたします」

電話をかけるとき

電話は声だけが頼りです。あらかじめ伝えたい内容をまとめたり、静かな場所から電話をかけたりするなど、相手に内容が伝わりやすくなるような工夫をしましょう。複雑な内容を伝えるときは、先に資料をメールで送ってから電話をかけるのもよいでしょう。

注意

時間帯を考える

相手が忙しいときに電話をかけると、こちらの印象を悪くするおそれがあります。緊急の場合を除き、早朝や深夜、昼食時に電話をかけるのは避けましょう。

相手が電話に出たら

まずは「○○株式会社の××と申します」と社名と自分の名前を名乗り、あいさつをします。初めて電話に出た人でも聞き取りやすいように、はっきりとした声で名乗り、あいさつをしましょう。

次に「○○部の××様をお願いいたします」と取り次いでもらいたい相手を指定します。

ワンポイント

相手の状況を確認

相手が電話に出ても、外出や会議の直前で忙しい可能性もあります。

まずは「今、お時間よろしいでしょうか？」などと相手の状況を確認するとよいでしょう。

もし忙しいようであれば、あとでかけ直すようにします。

あいさつの例

❶ **相手が電話に出る**

❷ **社名と自分の名前を名乗る**

❸
- いつもお世話になっております
- 遅い時間に失礼いたします
- お休み中に失礼いたします
- お忙しいところ恐れ入ります

などとつなげる

注意

初めての相手に電話をかけるときは、社名と自分の名前を名乗り、あいさつをしたあとで用件を説明します。

きちんと説明しないとセールス電話と間違えられ、取り次いでもらえない場合があるためです。

まずは会社の事業内容を伝えてから、どんな用件で電話をかけたのかを伝えましょう。

目的の相手が出たら

電話に出た人が目的の相手ならば、直接用件を伝えます。5W1H（左のワンポイントを参照）を意識し、簡潔に話しましょう。

頻繁に電話のやりとりがある相手でも、ケジメのあるあいさつをし、プライベートとはしっかりと区別することが必要です。

ワンポイント

5W1Hと6W2H

会話と文書では、相手への伝え方が異なります。

直接、もしくは電話で話すときは5W1H（When（いつ）、Where（どこで）、Who（誰が）、What（何を）、Why（なぜ）、How（どのようにして））を、文書で伝える場合は6W2H（121ページ参照）を意識しましょう。

目的の相手が不在のとき

目的の相手が外出したり退社したりしていて不在のときは、「伝言をお願いする」「折り返しをお願いする」「電話があった旨を伝えてもらう」のうち、いずれかの対応を相手に依頼しましょう。

急いでいると早口になり、態度も大きくなりがちですが、落ち着いて依頼するように心がけましょう。

相手に伝える内容

- 電話の用件
- 相手に求めるアクション
  折り返し、メールやFAXの確認、連絡待ちなど

伝言の仕方

恐れ入りますが、伝言をお願いできますか？

はい、承ります。

「○○の発注が遅れておりまして申し訳ございません。すぐに対応いたしますので今しばらくお待ちください」とお伝えいただけますでしょうか？

※細かく区切り、ゆっくり、はっきりと話す

はい、かしこまりました。

それではよろしくお願いいたします。

はい、失礼いたします。

失礼いたします。

折り返しの電話依頼

急いで相手に確認したいことがあるときなどには、折り返しの電話を依頼します。用件を伝える必要は特にありませんが、内容を聞かれた場合は「○○の件」と簡潔に伝えましょう。

外出先で電話を受けたい場合には、自分の携帯電話の番号も伝えておきましょう。

折り返しの電話依頼の例

お手数ですが、お戻りになりましたらお電話をいただけるよう、お伝えください。よろしくお願いいたします。

電話があった旨の伝達

特に急ぎの用事ではないが、自分が電話したことを相手に知っておいてもらいたい場合は、「電話があったことだけお伝えください」と依頼します。

しばらく待っても相手から折り返しの電話やメールがない場合は、もう一度かけ直したほうが無難です。

ワンポイント

相手が戻る時間を聞く

折り返しの電話を依頼するときには、目的の相手がいつ戻るかを聞き、折り返してもらえる時間を確認します。
自分がその時間帯に席を外すなら、自分からかけ直したほうがよいでしょう。その場合、相手が戻る時間を少し経過してからかけるのがマナーです。

注意

携帯電話へかけるとき

携帯電話はあくまでも緊急用なので、相手が出ないからといって、間を置かずに何度もかけるのは避けましょう。
相手にとっては迷惑で、余計な焦りを与える原因となります。
留守番電話につながった場合には用件を吹き込み、携帯電話のメールアドレスにメールを送信し、相手からの返答を待つのが基本です。

こんなときどうする？

Q 至急で返答がほしいときはどうすればよい？

A 一刻を争う事態の場合は、折り返しを待たずに、相手の携帯電話に直接かけます。
頻繁に連絡をとる相手がいる場合は、前もって携帯電話（会社支給のもの）の番号を、名刺やメールの署名欄などで確認しておきましょう。

携帯電話の使い方

気配りを忘れず、メリットを生かして使おう

携帯電話やスマートフォンは便利ですが、周囲に配慮しながら使用する心遣いが大切です。

携帯電話のよくあるトラブル

- 通話中に電池が切れる
- 電波が悪く、声が相手に届かない
- 周囲の騒音で音声が聞き取りづらい
- 周囲の人から迷惑がられる

電波の入りにくい場所

- 建物内
- 建物の高層階
- ビルとビルの間
- 車内
- 地下
- トンネル内

携帯電話を使用するタイミング

携帯電話やスマートフォンは、電波が届く限りどこにいても連絡がとれる便利なツールです。しかし、固定電話よりも電波が不安定で、コストも高いことが多いようです。

基本的には社内電話を使用し、外出時などのみ携帯電話を使用するようにするとよいでしょう。

会社の常識！

私用の携帯電話でも、華美な装飾は控えましょう。緊急の私用電話がかかってきた場合などには、自席ではなく周囲に迷惑のかからない場所に移動して通話するなどの気配りが大切です。

電池残量に注意

緊急時にきちんとつながるように、必要な電池残量は常に保っておくように心がけましょう。いざというときに連絡がとれないと、大きなトラブルにつながる可能性もあります。

自宅で充電する習慣をつけたり、非常用携帯充電器を携帯したりしましょう。

ワンポイント

外出先の電波状態に注意

出張先などで会社用の携帯電話を使用するときは、行き先の電波状態を確認しましょう。山の中や離島、一部の郊外では、電波状態が悪い可能性があります。あらかじめ携帯電話会社に問い合わせ、電波状態が悪い場合にはその旨を社内外へ伝えておきましょう。

機能を使いこなす

スマートフォンの機種によっては、Officeソフトのファイルを開けるものもあります。

通勤時にプレゼン資料を確認したり、企画書を作成したりして、時間を有効に活用しましょう。

また、スマートフォンで日々のニュースをチェックしたり勤務時間中にわからなかった語句を調べたりすれば、社内でのコミュニケーションがとりやすくなります。

シークレットモードを使う

制限できること

- メールの送受信
- アドレス帳の閲覧
- データフォルダへのアクセス

不便な点

- 解除が面倒
- パスワードを忘れると操作不可

携帯電話やスマートフォンには、パスワードや指紋認証などで持ち主以外の操作を制限するシークレットモード（呼称はメーカーにより異なる）という機能があります。外出時は紛失に備え、シークレットモードに設定しておくとよいでしょう。

会社からの貸与時にすでに設定されている場合は、勝手に設定を変更することは避けましょう。

携帯電話からかけるとき

周囲の迷惑にならず、電波が入りやすい静かな場所に移動してから電話をかけます。

お金にかかわることや機密事項などは、緊急の場合を除き、会社に戻ってから社内の電話でかけるようにします。

通話を控えるべき場所

電車内

バス内

喫煙所

トイレ

携帯電話からかけるときの注意

- 相手の都合がよい時間帯か
- 電池残量は十分か
- 通話中に電波状態の悪い場所を通らないか
- 複雑な内容になりそうな話題ではないか
- 相手から質問された場合、手持ちの資料で回答できるか
- 不特定多数に聞かれている環境では、相手の社名や自社名を極力言わないようにする

携帯電話で受けるとき

携帯電話で電話を受けるときは、できるだけメモを準備してから電話に出ましょう。かけてきた相手によって用件が予測できる場合には、資料も用意しておくと話がスムーズに進みます。

電波状態が悪い場所では、相手の声が割れたり途切れたりして正しく情報を受け取れない可能性があります。聞き取った内容はすべて復唱して確認したほうがよいでしょう。

注意

記憶に頼らない

メモをとらず記憶のみに頼ることはやめましょう。全部覚えたと思っても、肝心なことが抜けているものです。
カバンやスーツには常にメモ帳とペンを入れておき、通話時はすぐに取り出せるようにしておきましょう。

携帯電話やスマートフォンの禁止事項

緊急でない用件を携帯電話にかける

相手のプライベートな時間にまで仕事を持ち込むのはNG

周囲に合わせて声を大きくする

通話の内容が周囲に漏れるうえ、相手にも迷惑

電波の入りにくい場所での使用

電波状態が安定せず聞こえにくいため、相手に迷惑をかける

会社支給の携帯電話を私用で使わない

しっかりとコスト意識をもち、仕事以外での使用は避ける

会社の常識！

携帯電話やスマートフォンにはカレンダーやメモなど便利な機能がありますが、場所と状況を考慮して操作をしましょう。

こんなときどうする？

Q 会議中に携帯電話が鳴ったが、出てよい？

A 会議室を退出してから電話に出るか、一度電話に出て「少々お待ちください」と伝え、移動してから話します。

Q 手が離せないときに電話がかかってきた…

A 緊急時を除き、一度電話に出て「申し訳ございませんが、ただいま取り込み中ですので、のちほどかけ直してもよろしいでしょうか」と聞いたほうがよいでしょう。

正しい対応でトラブル拡大を防ぐ

クレーム対応法の基本

クレームには誠実で迅速な対応が必要です。トラブルの拡大を防ぐために正しく対応しましょう。

クレーム対応の流れ

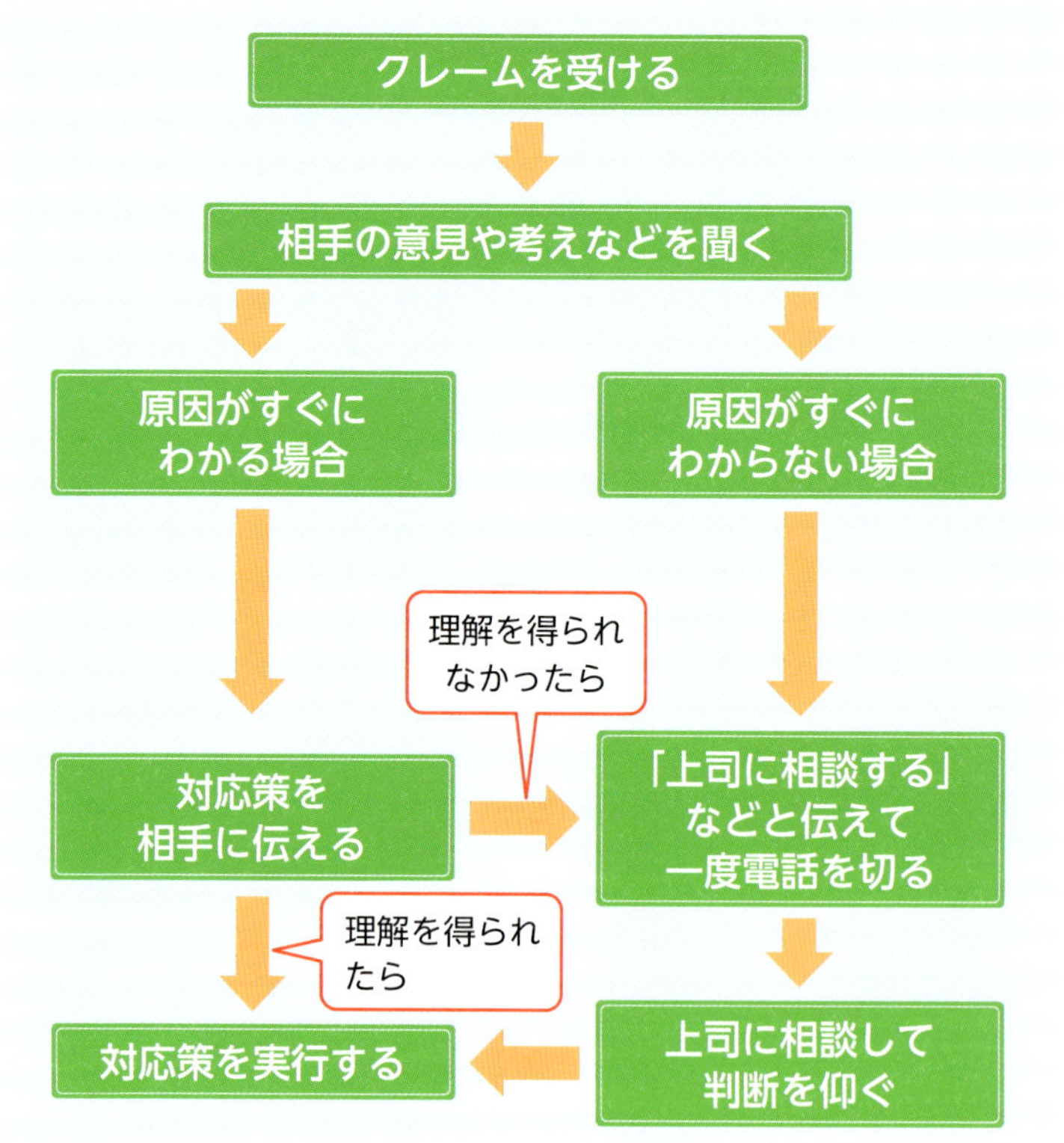
クレームを受ける
相手の意見や考えなどを聞く
原因がすぐにわかる場合
原因がすぐにわからない場合
理解を得られなかったら
対応策を相手に伝える
「上司に相談する」などと伝えて一度電話を切る
理解を得られたら
対応策を実行する
上司に相談して判断を仰ぐ

クレーム対応の基本

まずは相手が何に対してクレームを言っているのかを正確に把握することが大切です。相手の意見や考えをよく聞き、正しく理解してから、対応策を練りましょう。その場の思いつきで行動せず、クレームを受けるに至った経緯を考慮したうえで、慎重に対応する必要があります。

会社の常識！

クレームは個人ではなく、会社として対応すべきものです。こちらの直接的な過失ではないからといって横柄な態度をとると、会社全体の印象を悪くしてしまいます。会社の代表という意識を忘れずに対応しましょう。

ヒアリングのポイント

1
相手に不快な思いをさせたことについて丁寧に謝罪する（過失を認めるわけではない）

2
「恐れ入りますが、ご指摘につきまして詳しくお聞かせいただけますでしょうか」など、丁寧な言葉遣いを心がける

3
「今後はこのようなことがないようにいたします。恐れ入りますが、ご協力いただけませんでしょうか」と聞くのもOK

4
自分の側に非がある場合は「大変申し訳ございません」と潔く謝罪する

5
ヒアリングした内容は社内周知する

6
クレームをくれたことに対してお礼を述べて電話を切る

話を聞くときのコツ

相手の言い分を聞く際は、相手の怒りをこれ以上大きくしないように意識することが大切です。途中で口を挟まずに、最後まで話を聞きましょう。自分では対応できないと思ったら、相手にひと言断ってから上司や先輩に相談するのもよいでしょう。

相手への対応がすぐにまとまらない場合は、いったん電話を切り、あとでかけ直しましょう。

注意

すぐに謝らない

相手が怒っているからといって謝罪ばかりしていると、自分に非があると認めたように受け取られます。

「ご迷惑をおかけしてしまい～」「ご連絡が遅れ～」「ご説明不足で～」など、何について謝罪するのかをはっきりさせたうえで、お詫びを言うとよいでしょう。

ケース別クレーム対応例

社員の対応が悪い

丁寧に謝罪

➡具体的な状況についてヒアリング

➡今後の対策について説明

➡該当社員へ伝達して社内共有

注文と違う商品や不良品が届いた

担当へ事実を確認

➡誤送や不良品について丁寧に謝罪

➡代わりの商品の再送を提案

➡すみやかに代わりの商品を発送

➡到着したかどうかの確認

折り返しの電話がかかってこない

対応の不手際について謝罪

➡担当者へ伝達

➡担当者から至急折り返してもらう

※担当者が不在の場合は携帯電話かメールで知らせる

ワンポイント

弁解の仕方

たとえば相手の意見が事実と異なっていれば、「○○とのことですが、実際は××だったかと思います。こちらからの説明も不十分でございました」など、なるべくやわらかい表現を使い、簡潔に話しましょう。メールや書類などで弁解の根拠になる記録があれば提示したうえで話しましょう。

上司に相談するとき

状況を把握するのに時間がかかるからといって、保留にして相手を長く待たせてはいけません。「確認後、改めて回答させていただけますか」などと伝え、いったん電話を切ります。その後、相手から聞き取った内容をもとに、上司へ相談しましょう。

結論が出たらすぐに電話をかけ直し、相手に対応策を伝えます。

クレーム対応での禁句

× それは違います
相手を全否定することになります。イエス・バット法（78ページ参照）などを用いましょう。

× どうすればよいですか
対応を放棄しているように聞こえます。対策を考えるのは自分です。

× 原因は私にもわかりません
「わからない」という回答は無責任に受け取られます。「すぐに原因を確認いたします」と伝えます。

× 本当ですか
相手を疑っているように聞こえ、誤解を招く可能性があります。語調によって受け取り方が異なりますが、使わないほうがよいでしょう。

再発防止策を考える

原因を根本から見つめ直し、有効な対策を考えましょう。相手への提出物を忘れていた場合などは、「チェックリストを作って毎日確認する」などの具体的な対策が必要です。始末書の提出を指示されることもありますが、これは形式的なものではなく、再発防止のために重要なものです。記録として残すことで、自分以外の社員との共有もしやすくなります。

注意

あいまいな返答をしない

相手からの質問や相談には、必ず確信をもって返答しましょう。
あいまいに返答すると「あのときはこう言ったのに」などと、再びクレームがくるおそれがあります。
多少遅くなっても、正確な返答をすることが第一です。

原本を送らずに情報を送受信できる

FAXの使い方

手書きした文書などの送付にはFAXが便利です。適切な使用法を知り、正しく活用しましょう。

FAXを使うときのポイント

FAXを使うシーン

- 手書き文書のやりとり
- メールが使えない場合のやりとり
- FAXを使用している取引先とのやりとり

送信時に気をつけること

- 事前に送信する旨を伝える
- 送信書をつける
- 相手のFAX番号をよく確認する
- 大量の文書を送信しない
- 機密文書を送信しない

FAXを使うときは

FAXの送信前に、まず相手に送信してよいかどうかを確認し、よければ送信書をつけて送信します。

FAXは直接相手の手元に届くものではないので、機密文書の送信は避けたほうがよいでしょう。

また、大量の文書を送信するのも、相手の印刷コストになるのでやめましょう。

注意

個人宅に送信する場合

会社ではなく、個人の自宅などに送信する場合は時間帯に気をつけましょう。昼から夕方までが無難な時間帯です。
また、会社に送信するときより分量を少なくし、印刷コストを抑える配慮が必要です。

FAX送信書の書き方

FAXは出力した際に文字がかすれることがあるので、太めのペンを用い、大きめの文字ではっきりと書きましょう。FAXは白黒が基本なので、色ペンや色紙の使用は避けましょう。

FAXで送信する内容は第6章「文書・メール・封書のマナー」を参照し、正しく作成しましょう。

ワンポイント

受領確認を忘れずに

FAXを送信したら、「FAXを送信しましたので、ご確認いただけますか」と電話で相手に連絡しましょう。
相手が気づかないと、そのまま放置され、情報の伝達が遅れる可能性があります。

FAX送信書の例

株式会社マナー
総務部 山田一郎様

ビジネス株式会社
営業部 鈴木太郎

東京都渋谷区●●1-1-1
TEL：03-1234-5678
FAX：03-1234-5670

FAX送信のご案内

送信日　：平成○年、○月○日
送信枚数：2枚（本書含む）

平素は格別のご高配を賜り、厚く御礼申し上げます。
下記書類をお送りいたしますので、ご査収くださいませ。
何卒よろしくお願い申し上げます。

・ご請求書　1部

以上

記載する項目

- 宛先（部署名なども忘れずに）
- 送信者の情報（社名、部署名、担当者名、FAX番号など）
- 送信日
- あいさつ文
- 送信書類の内容・枚数（枚数は送信書も含む）

Column

新入社員の悩み＜電話応対編＞

電話応対は業務の基本となるものですが、仕事として電話応対をしたことがある新入社員は少ないと思います。ここでは電話応対に関係する新入社員の悩みをいくつか紹介します。

相手の声が聞き取りにくい

相手の話し方が原因で聞き取りにくい場合は、相手にもう一度繰り返してもらうのも一つの方法ですが、2、3回聞き返しても聞き取れない場合には「恐れ入りますが、もう少しゆっくりお話しいただけますでしょうか？」とお願いしましょう。相手の機嫌を損ねないようにすることよりも、情報を正しく理解することのほうが重要です。

お願いする際は自分もゆっくり話すようにすると、相手にこちらの意図をくんでもらいやすくなります。

朝礼中に電話が鳴った

朝礼中の電話を取るかどうかが指示されていなければ、すみやかに取りましょう。誰かが取らないとずっと鳴り続け、朝礼の進行を妨げるうえに、電話をかけている相手にも失礼です。

電話を取ったら通常よりも小さめの声で対応しましょう。誰かに取り次いでもらうように頼まれた場合には急ぎの用件かどうかを確認し、急がなくてもよい場合は「ただいま朝礼中ですので、恐れ入りますがのちほど折り返させていただいてもよろしいでしょうか？」などと聞きましょう。

第6章

文書・メール・封書のマナー

Keyword

- 社内文書／社外文書
- ひな形
- メール
- お礼状／お詫び状
- 6W2H
- はがき／封書

早く正確に作成して信頼を勝ち取る

文書やメールの基本

文書の質は会社への評価に直接影響します。記載する内容を精査し、迅速に作成しましょう。

文書やメールの特徴

文書とメールの使い分け

メール

- 急ぎのやりとりをするとき
- 簡易な連絡をするとき
- ファイルの添付をするとき

打ち合わせ日程の調整
作業の進捗などの確認

文　書

- 正式な取り決めをするとき
- あいさつをするとき
- やりとりを記録したいとき

商品やサービスの発注
年賀状や見舞状など

取り扱い時の基本

文書やメールは記録性に優れ、複数の人に同時に周知できるというメリットがある一方で、内容の間違いや誤字、脱字などがあった場合は、発信元である会社の信頼性が損なわれます。

作成後は内容を読み返し、伝えたいことがきちんとまとめられているか、誤字や脱字がないかなどを十分にチェックしましょう。

会社の常識！

社外に文書を提出するときは、上司の承認が必要になる場合がほとんどです。まずは作成者として正しい文書を作ってから、上司に見てもらいます。

社内の文書と社外の文書

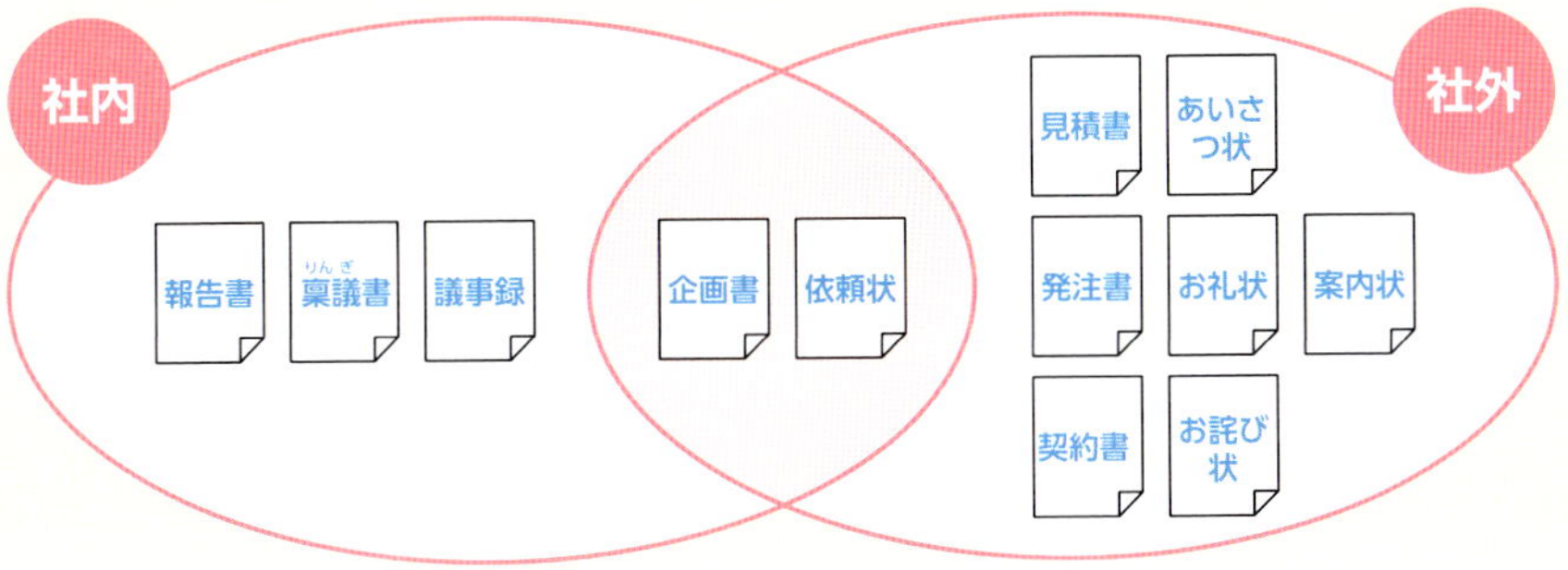
社内
社外
報告書
稟議《りんぎ》書
議事録
企画書
依頼状
見積書
あいさつ状
発注書
お礼状
案内状
契約書
お詫び状

文語を使用する

文書を作成するときは文語（書き言葉）を使います。

普段使っている話し言葉には「いっぱい（文語では「多数」）」など、文書には適さないものが多くあるので、それぞれの用途をきちんと押さえ、正しく使いましょう。

文書を見やすくする工夫

いくら要点が簡潔にまとまっていても、改行がなかったり文頭の位置がそろっていなかったりする文書は読みにくく、閲覧者の理解度も落ちます。

内容だけではなく、見やすさ、読みやすさ、体裁などにも注意して文書を作成しましょう。

書き言葉への置き換え例

- やる → 行う
- いっぱい → 多数
- いっぺんに → 一度に
- 面倒 → 難しい
- 大丈夫 → 問題ない
- 自分的には → 個人的には
- …だ → …である
- ちゃんと → きちんと
- じゃなく → ではなく
- みたいな → のような
- あとで → のちほど
- すごく → 大変
- ふつう → 通常
- やっぱり → やはり
- ダメ → 難しい、不可能
- おととい → 一昨日《いっさくじつ》

正しく把握して適切に使い分ける

ビジネス文書の種類と用途

まずは文書の種類や役割を把握し、作成を頼まれたらすぐに対応できるようにしておきましょう。

文書の種類と用途

（例）

書類名	用　途
報告書	社内外に対して結果や経過情報を伝達する
指示書	相手に依頼する作業などの概要や手順を指示する
見積書	費用の見積もりを行う
請求書	商品の購入費やサービス利用料などを請求する
発注書	商品やサービスの注文を行う
あいさつ状	役員の交代や事務所の増設時などに、社外へ向けてその旨を報告し、あいさつする
お礼状	業務でお世話になったり、会社に有益なことをしてもらったりしたときに感謝の意を示す
お詫び状	トラブル発生時、自社側に過失があった場合に書面でお詫びする
案内状	イベントなどを案内する
電　報	慶事や弔事を欠席する際、書面であいさつをする

文書の種類と送付先

文書の種類はいくつかあり、それぞれ使う目的や送る相手などが異なります。

また、発送前に社印の押印などが必要なものもあります。完成したら、上司や先輩に確認してもらい、必要な手続きをとりましょう。

誤送などをしてしまうと、取引先とのトラブルや自社のイメージダウンにつながるおそれもあります。宛先や内容は十分にチェックしてから送付しましょう。

あいさつ状や電報などは、適切なタイミングで送り、会社のイメージアップにつなげます。

文書作成時の心がまえ

送付された相手の立場になって、忙しいときでも内容を読み取りやすいように平易な表現で簡潔に書きましょう。起承転結を意識したり、6W2Hがわかるようにすると効果的です。書き終えたら読み返し、わかりにくいところがないか、抜けや漏れがないかを必ず確認しましょう。

報告書の例

(クレーム対応の場合)

営業部長
山田一郎殿

クレーム対応報告書

平成○年○月○日
営業部　鈴木太郎

1．クレーム内容
商品誤送によるクレーム

2．経緯および対策
平成○年○月×日、マナー株式会社より商品誤送に対するクレームメールを受領しました。

すぐに配送管理部へ調査を依頼したところ、管理システムへの入力時に誤った商品情報が入力されていたことが判明しました（担当：配送管理部・伊藤部長）。

本件について石井部長に報告後、マナー株式会社へ調査結果を連絡しました。再度お詫びを申し上げると同時に、すぐに正しい商品を持参することをお伝えしたところ、ご納得いただきました。

同日夕方、正しい商品を手配し、石井部長とマナー株式会社を訪問。迅速な対応にご満足いただき、今後も引き続き当社サービスを利用するというお言葉をいただくことができました。

以　上

6W2H

- What 何を：案件、商品、サービス
- Who 誰が：部署、担当者
- Whom 誰に、誰を：相手
- Why なぜ：理由、目的、背景
- When いつ：期日、時期
- Where どこで、どこへ：場所
- How どのように：手段、方法
- How much いくら：予算、数量

ワンポイント

タイトルのつけ方

内容がひと目でわかるタイトルや見出しをつけましょう。

併せて「緊急」「要返信」なども記入すると、相手に要求する行動を同時に伝えることもできます。

一文を長くしすぎない

文章が長いと、主語と述語の関係がわかりづらくなります。句読点を適宜入れ、20～30字程度で区切ると読みやすくなります。どうしても長くなってしまう場合は、箇条書きにしてもよいでしょう。

レイアウトの工夫

用件ごとに改行したり、箇条書きや段落番号を使ったりして、内容を把握しやすくします。

また、見にくくならない程度に余白を小さくすることで、資料の枚数を少なくすることもできます。

すばやく丁寧に対応する

ビジネスメールの作り方

メールは便利な一方、ミスも起こしやすい連絡手段です。迅速かつ正確な送信を心がけましょう。

メールのメリット・デメリット

メリット

- すぐに届く
- 時間帯を気にしなくてよい
- 複数人に送信できる
- ファイルを添付できる
- 手元に残る

デメリット

- 契約など、重要な内容には不適切
- 環境によりレイアウトが崩れることがある
- 不用意に開くとウイルスに感染するおそれがある

メールの取り扱い方

ビジネスにおけるメールは会社と会社とのやりとりであり、きちんとした内容と表現で文面を作成する必要があります。

相手と仲がよいからといって自社の愚痴などを書くと、その内容が相手の会社全体に共有されかねません。ビジネス文書の一つであることを忘れず、適切な内容にするよう心がけましょう。

また、送信前には、宛先、内容、添付ファイルなどを必ず見直し、送受信したメールは保存する習慣をつけましょう。

Ｔｏ・Ｃｃ・Ｂｃｃの使い分け

誤送信は重大なトラブルのもとです。メールを送信する際は、送信先の宛先を必ず確認しましょう。

また、メールアドレスは個人情報なので、上司や関係者にも同じメールを共有したいときは、メールアドレスはＢｃｃに入力して、社外の相手から見えないようにします。

To、Cc、Bccの使い分け

To

直接送信する相手

メールを送信する相手のメールアドレスを入力します。

Cc

メールの内容を共有したい相手

自社関係者や上司、相手方の担当者の上司など、直接送信する相手以外の関係者のメールアドレスを入力します。

Bcc

To・Ccの相手には知られずに
メールの内容を共有したい相手

案件に関係がない自社上司や先輩など、送信相手にメールアドレスを表示することなくメールを送信したい相手のメールアドレスを入力します。

注意

アドレス帳登録時の注意

アドレス帳に取引先の名前を登録するときは、必ず「様」などの敬称をつけましょう。ほとんどのメールソフトでは、相手がアドレス帳に登録している自分の名前は、メール受信時にわかるようになっています。
「○○株式会社　鈴木様」などのように、所属組織名を氏名の前につけて登録すれば、登録件数が増えても混乱することなく、目的の相手を検索することができます。

メーリングリストを使用する

関係者数が膨大なプロジェクトの場合は、宛先の入力に時間がかかり、間違った相手を選択するおそれもあります。そうした場合はプロジェクト関係者のメーリングリストを作ると便利です。

メール送信時には、必ず誰に対してのメールなのかを明記し、関係者全員が理解できるような文面にすることを心がけましょう。

ワンポイント

メールの返信は迅速に

メールの返信が遅いと、相手はきちんとメールが届いたかどうか心配になります。文面を確認したら、すぐに返信する習慣をつけましょう。
すぐに回答できない場合は「検討後、改めてご連絡します」などと返信しておきます。

わかりやすい件名をつける

送信するときにはひと目で内容がわかる件名をつけましょう。メールに返信する場合は自動的に件名に「Re:」がつきますが、話題を替えたい場合は件名も替えたほうがよいでしょう。

また、初めて送信する相手には件名に自社名も入力すると親切です。

件名のつけ方

何のメールかを簡潔に入力する

（例）

【首都圏営業プロジェクト】予算についてのご相談

初めてメールする相手のときは自社名を入れる

（例）

○○のご依頼（株式会社××）

本文の書き方

件名：【弊社営業部移転のご連絡】
差出人：マナー株式会社　鈴木太郎
送信日時：20××/4/1
宛先：△△株式会社　山田様

△△株式会社
山田様

いつもお世話になっております。
マナー株式会社の鈴木と申します。
このたび、弊社営業部が移転することになりましたのでご連絡いたします。

移転日時：20××年4月10日
移転先住所：東京都○○区△△2-2-2
移転先電話番号：03-1234-5678
備考：移転に関するお問い合わせは鈴木までお願いいたします。

以上、今後ともよろしくお願い申し上げます。

マナー株式会社
営業部
鈴木　太郎（すずき　たろう）
〒123-4567　東京都○○区△△1-1-1
TEL：03-5678-1234　FAX：03-5678-1230
E-MAIL：yamada@manner.jp

相手にお願いしたいことがある場合には、その旨がわかるように記載します

書くべき項目と順序

①相手の名前
②あいさつ、自社名と自分の名前
③用件
④あいさつ
⑤署名

署名のつけ方

署名がメール末尾に自動で入力されるよう、事前に設定しておきましょう。署名を入れておけば、メールの内容について相手が電話をしたいときや住所を確認したいときなどに便利です。署名は名刺の代わりになります。

記載する項目

- 社名
- 部署名
- 氏名
- 住所
- 電話番号、FAX番号
- メールアドレス

引用のしかた

相手からの質問が複数ある場合に回答のみを入力すると、相手はどの質問に対する回答か判別しづらくなります。
　回答する質問文それぞれの左端に「>」をつけ、その下に回答を入力していくことで、相手にわかりやすく回答することができます。

引用符の使い方

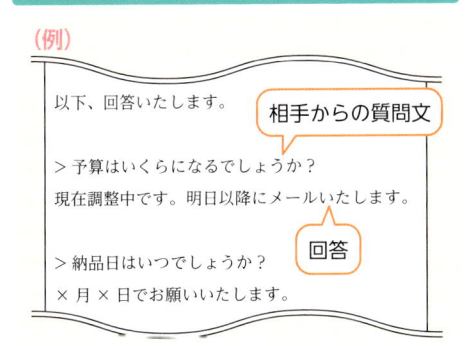

（例）

以下、回答いたします。

相手からの質問文

> 予算はいくらになるでしょうか？
現在調整中です。明日以降にメールいたします。

回答

> 納品日はいつでしょうか？
×月×日でお願いいたします。

ファイルを添付するときは

事前に相手のパソコンで開けるファイルかどうかを確認してから、添付します。確認する際はファイル名末尾にある拡張子《かくちょうし》（「.txt」など）を伝えます。Excelなどのマイクロソフトオフィスのファイルは、PDFに変換しておくと、多くのパソコンで見られるようになります。
　また、一度に大量のファイルを添付したりすると、相手が受信できないことがあるので、必要に応じてオンラインストレージ（35ページ参照）などを利用しましょう。

拡張子と対応ソフトウェア

（Windowsの例）

.txt …メモ帳
.xlsx …Excel（表計算ソフト）
.docx…Word（ワープロソフト）
.pptx …PowerPoint（プレゼンソフト）
.pdf …Adobe Reader（PDF閲覧ソフト）
.jpg、.png、.bmp…ペイントなど

注意

添付ファイルに注意

不用意にメールの添付ファイルを開くと、パソコンがウイルスに感染し、動作が遅くなったり情報が漏えいしたりするおそれがあります。また、自分のパソコンが媒介となり、取引先や社内のほかのパソコンにウイルスを感染させるおそれもあります。
知らない宛先からの不審なメールは開かないようにしましょう。

社内でスムーズに情報を共有する

社内文書の作り方

社内文書にも規則やマナーがあります。ルールを守り、見やすい文書を作成しましょう。

社内文書の主な種類

企画書

新商品やサービス、プロジェクトといったアイデアのコンセプトなどを、社内の上司や経営幹部、取引先などに提案する文書です。市場調査や競合他社の動向などを交えつつ作成します。

報告書

会議の結果や業務の進捗状況などを、関係者と共有するための文書です。

文書を配布するだけではなく、報告書をもとに補足を交え、口頭で説明することもあります。

始末書

トラブルが発生した場合、その原因から対応に至るまでのすべての経緯を記載した文書です。

再発防止のためにどのように改善するかを重視してまとめます。

稟議書

会社の上司や経営幹部などの上層部に対して、予算や人材増員などの重要事項について承認を得るときに作成する文書です。

社内文書の特徴

あいさつは省略

社内の相手に対しては、時候のあいさつや「ご健勝のこととお喜び申し上げます」などのあいさつは不要です。

単純明快な表現に

丁寧な表現にこだわって回りくどくならないように、簡潔でわかりやすい表現を心がけます。

行動を具体的に明記

具体的な行動がひと目でわかるように、誰が、何を、いつまでに行うかを明記します。複数の行動を閲覧者に求める場合は、記載する順番にも注意しましょう。

発信者名や文書番号を記載

誰が発信した文書かがわかるように発信者名は必ず記載します。また、文書番号を振る必要がある場合もあります。番号のつけ方は先輩に確認しましょう。

社内文書の書き方

敬語を使って丁寧にあいさつする社外文書とは異なり、社内文書ではいかに短時間で内容を理解できるかが重要です。

レイアウトなど、見栄えにも気を使いつつ、わかりやすい文章を記載するように心がけましょう。

時候のあいさつは省略し、用件を単純明快に記載します。依頼事項などが複数あれば、箇条書きで簡潔にしましょう。

会社の常識！

作成した文書は上司に見せ、記載内容を説明する必要があります。そのために、まずは自分がその内容を完全に理解していなければなりません。最初は、先輩に見せてアドバイスをもらいながら作成するとよいでしょう。

レイアウトを整える

文書はメールとは異なり、レイアウトに変化をつけて目的や項目をわかりやすくまとめることができます。また、きちんとした形式で出力できますので、メールよりも信頼性が高くなります。

簡単な報告はメール、複雑な内容の報告は文書などというように使い分けましょう。

注意

過度な装飾は避ける

文書を過度に装飾すると、重要な箇所がわかりにくくなるだけでなく、信頼感を損なう可能性があります。

また、作成に時間がかかり仕事の効率にも影響します。あくまでビジネスで使うものなので、シンプルな装飾にしましょう。

たとえば、フォントの種類や文字の大きさを統一し、色は、黒と赤、青の３色程度にとどめます。

見やすい工夫の例

（例）

××年×月×日

販促課 鈴木 太郎

会議議事録

1　会議名　　秋の社員旅行 企画会議

2　日　時　　平成××年×月×日（×）15：00～16：00

　　場　所　　××会議室

3　出席者　　司会：田中　　各部署代表：山田 鈴木 佐藤

4　議事内容

（1）前回までの決定事項

　ア　旅行日程は９月25日から26日の１泊２日

　イ　会社から１人当たり￥15,000の支給あり

　ウ　国内旅行

（2）本日の議題

　ア　個人支給額（￥15,000）内で計画するか、個人負担を求め

　　　旅行予算を増やすか

　イ　行き先をどこにするか

（3）会議の流れ

　ア　個人負担はなしで、￥15,000の範囲内で行う意見が

　　　全員からあった

　イ　ゴルフや温泉などのプランがある

　ウ　利用する旅行代理店の検討

5　決定事項

（1）金額 ￥15,000

（2）行き先について各部に持ち帰り、プランを検討する

（3）各部１つのプランを次回会議で提示する

6　次回日程　　平成××年×月×日（×）15：00～16：00

　　　　　　　××会議室

見出しの文字を大きく

大きな項目で分割

適切な長さで改行する

文頭をそろえる

各項の見出しをゴシック体、それ以外を明朝体に設定

ひな形を準備する

文書を一から作成するのは、手間も時間もかかります。一つ文書を作成したら、ひな形として保存し、必要な時に流用して作成しましょう。

先輩から過去のデータをもらったり、キャビネットから参考になりそうなものを探したりして、ひな形にするのもよいでしょう。

Web上にも無料でダウンロードできるテンプレートがあります。

フォーマットの例

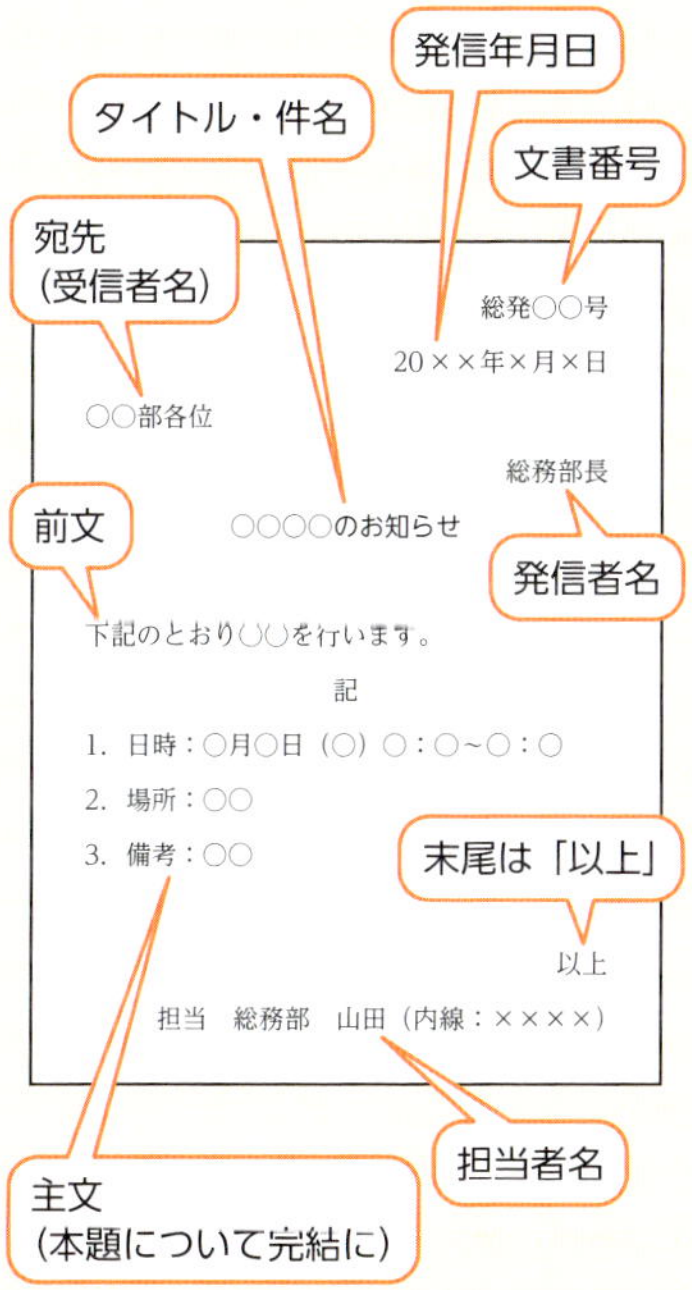
発信年月日
タイトル・件名
文書番号
宛先
(受信者名)
総発○○号
20××年×月×日
○○部各位
総務部長
前文
○○○○のお知らせ
発信者名
下記のとおり○○を行います。
記
1. 日時：○月○日（○）○：○~○：○
2. 場所：○○
3. 備考：○○
末尾は「以上」
以上
担当　総務部　山田（内線：××××）
担当者名
主文
(本題について完結に)

注意 主文を「記」で書き始める場合は、前文に「下記のとおり」と記載します。

こんなときどうする？

Q 送付後に誤りが見つかった…

A まずは上司に報告します。重大な誤りの場合はすぐに送付先に電話して文書を破棄してもらうように依頼し、訂正した文書を再度送付します。

Q 文書に関する問い合わせがきた…

A 正確な内容を伝えます。不安がある場合は、確認してから折り返しましょう。

ワンポイント

送付前に確認する

メールに添付する場合は、添付後に再度ファイルを開いて内容を確認しましょう。
最新のものではなかったり、不要なシートが含まれていたりすると、トラブルにつながる可能性があります。

社内文書の例①

報告書

（研修報告書の例）

新人研修報告書

販促部　鈴木太郎

1. 日　時：20××年4月15日
　13:00～17:00
2. 場　所：日本第二ビル内　セミナー室
3. 講　師：山本統括本部長
4. 趣　旨：・本社事業概要の実践的理解
　・新入社員同士の交流、情報交換
5. 要　旨：・新入社員は積極的に先輩社員との交流を図り、社風を感じ……

以上

（議事録の例）

第5回企画会議議事録

1. 日　時：20××年4月10日
　15:00～16:00
2. 場　所：第2会議室
3. 参加者：鈴木部長、山田、田中、佐藤
4. 趣　旨：今年度中の受注に向けた新製品企画のブレスト会議
5. 結　論：山田の「充電式扇風機」企画を実現させるために、市場調査を来週から行う。

以上

通　達

20××年×月×日
総発12345-123

全従業員各位

総務部人事課

就業規則の改定について

就業規則の改定が下記のとおり決定いたしましたので、連絡いたします。

記

1. 改定内容：当社イントラネット（http://xxxxxx）をご参照ください。
2. 改定時期：20××年×月×日
3. 備考：不明点は総務部山田までお問い合わせください。

以上
担当：山田（内線：4321）

稟議書

20××年×月×日

総務部長　田中五郎様

事業企画部　鈴木太郎

プリンター新規購入の件

不具合が続いているプリンター（品番MMM-1234）の代品の新規購入について、下記によりご検討願います。

1. 品名：Manner1234（マナー株式会社製）
2. 価格：50万円
3. 数量：1台
4. 理由：現行プリンターの不具合による作業速度低下の改善
5. 代品仕様：別紙参照のこと

以上

社内文書の例②

始末書

20××年×月×日

始末書

社長　山田次郎様

整備部　鈴木太郎

　このたび、世界マナー学園様に納入した黒板消しクリーナー（品番MN-1234）30台のうち、10台に整備漏れがありました。

　このように会社の信用を損なう事態を招いたことに対して、整備担当として強く責任を感じております。ここに、心からお詫び申し上げます。

　今後はこのようなことがないよう、整備チェック担当を増やし、最善の注意を払います。このたびに限り、寛大なご措置を賜りますよう、お願い申し上げます。

以上

企画書

20××年×月×日

営業部　山田三郎様

事業企画部　鈴木太郎

最速パン焼き機開発企画書

1. 企画趣旨
   現代日本における食生活は多様化し、国民のおよそ半数が朝食時にパンを食べると回答しています（○○リサーチ調べ）。そこで今後需要の高まりが予想される、「最速パン焼き機」の開発を提案いたします。
2. 製品仕様（予定）
   本体50cm×30cm、1kg
   新型チップMN-5000搭載
3. 製品発売日（予定）
   20××年×月
4. 備考
   開発においては……

以上

ワンポイント

発信年月日のルール

発信年月日は文書の作成日ではなく、発信日を文書の右上に入力します。西暦でも和暦でもかまいませんが、社内ルールがある場合はそれに従いましょう。

説得力を上げるには

類似製品の売上データを別紙でつけるなど、具体的な分析結果を盛り込むと説得力が上がります。必要に応じてグラフを使ったり、数値データを添付したりしましょう。

案内状

20××年×月×日

社員各位

製品開発部

新製品アンケート調査のご案内

　現在製品開発部では、新製品「プラズマアイロン」の開発を行っています。つきましては、下記要領にて全従業員にアンケート調査を実施しますので、ご協力のほどよろしくお願い申し上げます。

記

1．実施期間：×月×日～×日
2．実施時間：10:00~15:00
3．実施場所：本社２階　第５会議室前
5．アンケート方法：当日配布の解答用紙に記入後、製品開発部山田にご提出願います。

以上

担当：製品開発部　山田（内線1234）

社外文書の作り方

好印象を与えて良好な関係を保つ

社外文書は主に取引先に送付するもので、取引先との関係を左右します。慎重に作成しましょう。

社外文書の主な種類

依頼状

新規取引を依頼するときや、社外に作業をお願いするときなどに送付する文書です。依頼や交渉、承諾、催促などの目的で用いられ、依頼内容についての詳細を記載します。

あいさつ状

就任や退任、新会社の設立、移転など、会社間での儀礼的なあいさつを行うための文書で、年賀状や暑中見舞いなど季節のあいさつ状もあります。

見積書・請求書・発注書

取引先に作業量を提示したり、外部に製品を注文したりするときに送付する文書です。金額や個数、人員などの詳細を明記します。

案内状

イベントの開催や新商品の発売などを知らせたい相手に送付する文書です。文書の郵送や FAX 送信などを案内する添え状もこれに含まれます。

社外文書の特徴

あいさつ文を書く

時候のあいさつなどの定型文を入れ、丁寧で礼儀正しい内容にします。

頭語と結語を書く

「拝啓」と「敬具」、「謹啓」と「敬白」などの頭語と結語を入れます。

社名などを省略しない

「(株)」などを使わず、すべて正式名称を用いて書きます。

必要に応じて押印する

文書によっては社印や代表者印を押印してから送付するものもあります。

ワンポイント

表やデータを挿入する

金額や商品の個数などの数値データは、箇条書きよりも表形式にしたほうが見やすい文書にすることができます。必要に応じてグラフなどを入れてもよいでしょう。

Excelで作成した表やグラフをWordに貼りつけることもできますので、いろいろ試してみましょう。

社外文書の書き方

社内文書と同様、正確性に注意する必要がありますが、過度に事務的な表現を用いると相手に悪い印象を与える可能性があります。

あいさつ文や頭語、結語などを忘れずに入れるとともに、正しい敬語を用いて作成するように心がけましょう。

人物の表現一覧

通常	相手先	自社
本人（個人）	貴殿、あなた様	わたくし、小職
本人（複数人）	各位、ご一同様	私《わたくし》ども、一同
上司（部長の例）	部長の○○様	上司、上長、部長
会社（員）	貴社、御社（員）	弊社《へいしゃ》（員）
氏名	ご芳名《ほうめい》、ご貴名《きめい》	氏名、名
意見	ご高見《こうけん》、貴意《きい》	私見
気持ち	ご芳情《ほうじょう》、ご厚志《こうし》	薄志《はくし》
宴会	ご盛宴《せいえん》	小宴

注意

省略表記を使わない

社外文書では呼称を省略せず、正式名称を用います。

（例）

（株）→ 株式会社
（有）→ 有限会社
（社福）→ 社会福祉法人
（一財）→ 一般財団法人
（公財）→ 公益財団法人

誤表記は厳禁

社外文書は、主に取引先や外注先に送付するもので、特に正確性が求められます。相手の氏名や金額などが正しいかどうかをきちんと確認しましょう。誤りがあった場合、信頼感が損なわれる可能性があるので、送付前には必ず見直しましょう。

頭語と結語

頭語と結語はそれぞれ、あいさつ文の前とあとにつける語句です。

頭語	結語
拝啓	敬具
謹啓・謹呈	謹白・謹言《きんげん》
急啓・急白《きゅうびゃく》	草々・不一《ふいつ》
拝復	拝答

注意 「前略―草々」は、前文を省略する意味で使います。ビジネスでの使用は避けましょう。

前文の書き方

前文とは…

文書の冒頭に書く、時候のあいさつや繁栄を祝う言葉などを入れた文

基本形

前文＝頭語＋時候＋繁栄を祝う言葉

時候を表す言葉の例

春		夏			秋			冬			春
4月	5月	6月	7月	8月	9月	10月	11月	12月	1月	2月	3月
陽春	新緑	初夏	猛暑	晩夏	初秋	仲秋	霜秋	初冬	初春	余寒《よかん》	早春
春暖	薫風《くんぷう》	青葉	盛夏	残暑	菊花《きくか》	清秋《せいしゅう》	晩秋	寒冷	新春	向春《こうしゅん》	浅春《せんしゅん》
春風	晩春	向暑《こうしょ》	仲夏《ちゅうか》	処暑《しょしょ》	白露《はくろ》	秋涼《しゅうりょう》	秋冷《しゅうれい》	師走《しわす》	厳寒《げんかん》	春寒《しゅんかん》	春分

繁栄を祝う言葉の例

他社宛て

貴社ますますご隆盛《りゅうせい》（ご発展／ご繁栄／ご多祥《たしょう》）のこととお喜び申し上げます。

個人宛て

時下ますますご健勝（ご清祥《せいしょう》／ご清福《せいふく》）のこととお喜び申し上げます。

文書の前文の例（4月の場合）

拝啓　陽春の候、貴社ますますご隆盛のこととお喜び申し上げます。

社外文書の例①

送付状

20××年×月×日

山田一郎様

マナー株式会社
営業部　鈴木一郎
TEL：03-1234-5678

パンフレット送付について

謹啓　陽春の候、山田様におかれましてはますますご健勝のこととお喜び申し上げます。

　先般は、弊社製品「マナー完全制覇ブック」についてお問い合わせいただき、誠にありがとうございました。

　とり急ぎ、当該商品の詳細を記載した下記パンフレットを送付させていただきます。

　今後とも変わらぬご愛顧のほど、よろしくお願い申し上げます。

謹白

記

同封物
・「マナー完全制覇ブック解説パンフレット」1部

以上

あいさつ状

事務所移転のお知らせ

拝啓　陽春の候、貴社におかれましてはますますご健勝のこととお慶び申し上げます。

平素は格別のご高配を賜り、厚く御礼申し上げます。

さて、このたび弊社マナー株式会社は来る×月×日より下記に移転することとなりました。これを機に、ますます皆様の信頼にお応えできるよう一層の努力をしてまいる所存でございます。

まずは略儀ながら書中をもちましてご挨拶申し上げます。

敬具

平成×年×月×日

記

住所：〒123-4567　東京都○区○1-1-1
電話：03-1234-5678
FAX：03-1234-5670

以上

マナー株式会社
代表取締役　鈴木太郎

依頼状

20××年×月×日

日本第一ビル株式会社
営業部　山田一郎様

マナー株式会社
総務部　鈴木次郎
TEL：03-1234-5678

お見積りのお願い

拝啓　貴社ますますご隆盛のこととお慶び申し上げます。

平素は格別のご高配を賜りまして、誠にありがとうございます。

　早速ではございますが、別紙記載の通りお見積りをお願いいたします。

　ご多忙中のところ大変恐縮ですが、何卒よろしくお願い申し上げます。

敬具

案内状

20××年×月×日

日本第一ビル株式会社
総務部各位

マナー株式会社
総務部　鈴木次郎
TEL：03-1234-5678

ご愛顧感謝イベントのご案内

謹啓 初秋の候、皆様におかれましてはますますご健勝のこととお喜び申し上げます。

　日頃のご愛顧への感謝を込め、下記の通りご愛顧感謝イベントを開催いたします。

　軽食もご用意いたしますので、皆様お忙しいこととは存じますが、ぜひご参加くださいませ。

謹白

記

1．日時：×月×日（×）13:00～16:00
2．場所：日本第一ビル　6F大会議室
　（○○区○○1-1-1）
3．お問い合わせ先：総務部　鈴木
　（TEL：03-1234-5678）

以上

社外文書の例②

発注書

日本第一ビル株式会社
営業部　山田一郎様

マナー株式会社
製品開発部　鈴木太郎
TEL：03-1234-5678

発注書

拝啓　貴社ますますご隆盛のこととお慶び申し上げます。平素は格別のご高配を賜り、厚く御礼申し上げます。

早速ではございますが、下記書類を送付させて頂きます。お手数ではございますが、ご査収くださいませ。

敬具

記

・○○○○　　1部

以上

見積書

前文は送付状に書くため、ここでは不要

御見積書

納　　期　：受注後5日以内
納品場所　：第一世界倉庫（××区××1-1-1）
支払条件　：20日締め翌月銀行振込
見積有効期限：20日
合　　計　：¥54,000

型番	製品名	単価	数量	金額
MN-1234	○○スピーカー	¥10,000	5	¥50,000
			小計	¥50,000
			消費税（8%）	¥4,000
			合計	¥54,000

ワンポイント

記載必須項目

6W 2Hが基本です。ほかにつけ加えたほうがよいことがあれば「備考」などとして記載しておきましょう。

(例)
依頼状…依頼理由、目的、条件など
案内状…日時、場所、イベント詳細、参加費用など

問い合わせ先も忘れずに明記しましょう。

照会文書

20××年×月×日

日本第一ビル株式会社
営業部　山田一郎殿

マナー株式会社
販売部　鈴木太郎
TEL：03-1234-5678

納入品数量不足について

拝啓　貴社ますますご清栄のこととお喜び申し上げます。

さて、×月×日付で発注いたしましたハイパースピーカーにつきまして、本日到着いたしました。誠にありがとうございます。

早速納品書と照合いたしましたが、全30個のところ2個の不足がございました。

至急、不足分をご急送いただきたくお願い申し上げます。

とり急ぎ、納入品不足のご照会までに。

敬具

相手を配慮した内容で良好な関係を築く

はがき・封書の書き方

はがきや封書は取引先との関係を親密にする効果があります。形式を守り、気持ちを込めましょう。

はがき・封書の特徴

相手へのお祝いやあいさつなど、あらたまって気持ちを伝えたり、敬意を示したりするときには、はがきや封書が最適です。

メリット

気持ちが伝わる
自分で文章を書くことにより、相手に気持ちが伝わり、礼儀を重んじることができる

送付内容などの証明ができる
手続きをすれば、送付事実や内容などを証明することができる

デメリット

郵送料がかかる
メールと異なり、郵送のための料金がかかる

到着に時間がかかる
地域や時間帯により、郵便なら１～２日、メール便なら２～３日程度の日数がかかる

郵送形態の主な種類

速達	通常よりも半日～１日程度早く届く
書留	郵便物が破損したり届かなかったりした場合、実損額が賠償される
配達証明	一般書留を配達した事実が証明できる
内容証明	郵便物の内容、送付日時、送付者と宛先が証明できる
配達日指定	日曜・休日も含め、指定した日に届けられる

※それぞれの手続きや料金は、日本郵便のホームページ（http://www.post.japanpost.jp/）から確認できます

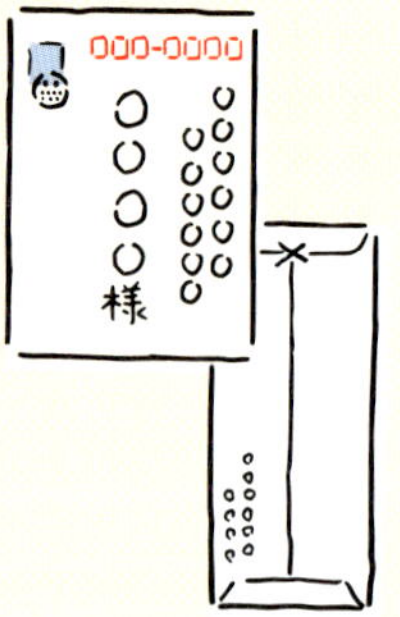

はがきや封書の用いられ方

はがきや封書は、相手に気持ちや礼儀を伝えたり、文書を確実に相手の手元に届け、その内容の証明をしたりする目的などで用いられます。相手との関係をより密にし、新たなビジネスチャンスにつなげることもできるでしょう。

相手に配慮し、文書のレイアウトを守って丁寧に書くことが必要です。

会社の常識！

速達よりも早く相手に届けたい場合は、バイク便やメッセンジャーなど、当日配送が可能なサービスを利用することもあります。

あいさつ状（はがき）の書き方

用紙を縦に使い、縦書きで宛名と文章を書きましょう。社外文書と同じく頭語と結語を用いるのが一般的です。

書き終わったら文章に誤りがないかを見直しましょう。書き損じがあれば、修正液などを使わず、新しい用紙に書き直します。

注意

「様」「御中」を使う

返信用の封筒やはがきには、宛先に「○○行」と書かれています。その場合は「行」の字を2本線で消し、個人名には「様」、会社などの組織名には「御中」を書き加えましょう。

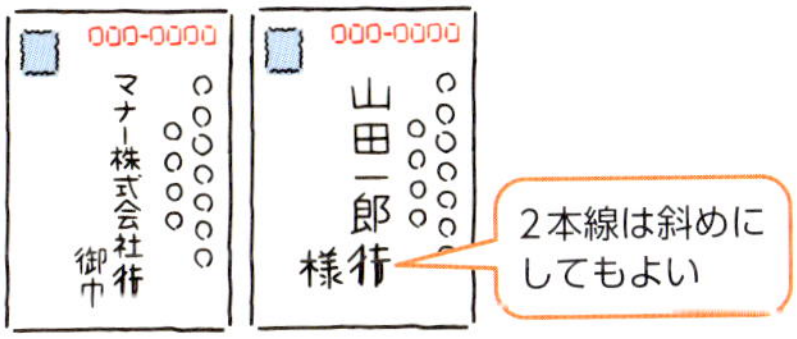

はがき・封書の書き方

季節のあいさつ状

季節に応じて呼称や文面が変わります。

名称	相手に届く時期	用途
寒中見舞い	1月8日～立春	・相手の安否の気遣い ・年賀状を送れなかった相手に出すこともある
暑中見舞い	7月7日～立秋	・しばらく会っていない人へのご機嫌伺い
残暑見舞い	立秋～8月末日	・相手の安否の気遣い ・暑中見舞いを出せなかった相手に出すこともある

（暑中見舞いの例）

謹んで暑中お見舞い申し上げます

いつも格別のお引き立てにあずかり、誠にありがとうございます

暑さの厳しい日が続きますが、皆様にはますますご健勝のこととお慶び申し上げます

今後とも、より一層のご愛顧を賜りますよう、何卒宜しくお願い申し上げます

平成×年　盛夏

マナー株式会社

〒一二三-四五六七

東京都○○区○○一-一-一

寒中見舞いの場合は「春とは名ばかりの厳しい寒さ」、残暑見舞いの場合は「立秋を過ぎても厳しい暑さ」に替える

時期に応じて「寒中お見舞い」「残暑お見舞い」に替える

年賀状

昨年お世話になったお礼と、新年に向けたあいさつを記載します。

謹賀新年

旧年中のご愛顧を感謝申し上げます

本年も倍旧のご贔屓の程、よろしくお願い申し上げます

平成×年　元旦

マナー株式会社

〒一二三-四五六七

東京都○○区○○一-一-一

一筆せん

送付物の添え状として、簡単なあいさつなどを述べます。横書きでもOKです。

契約書を送付いたします。

ご確認いただきましたら押印のうえ、一通をご返送ください。

最近めっきり寒くなりましたが、お体に気をつけてお過ごしください。

マナー株式会社

総務部　山田一郎

相手に感謝して取引をスムーズにする
お礼状の書き方

お礼状を送付すると強い感謝の気持ちが伝わり、好印象と信頼感を相手に届けることができます。

お礼状送付のタイミング

相手からの品物を受け取ったり、自社の利益につながる行動をしてもらったりしたときに送付します。早めの送付が肝心です。

- 資料などを受領したとき
- 顧客を紹介してもらったとき
- 業務を手伝ってもらったとき
- イベントに参加してもらったとき
- 自社移転などでお祝いを受け取ったとき

お礼状の基本

お礼状は迅速に送付することが基本です。送付が遅れてしまった場合は、文面にお詫びの言葉を忘れずに入れましょう。

定型文をそのまま使用することはせず、相手の行動によりどのように感じたか、また相手のおかげでどのような結果になったかなどを具体的に書くことで、相手への感謝の気持ちをより強く伝えることができるでしょう。

時候のあいさつや頭語、結語などの基本的な語句も忘れないようにしましょう。

メールのお礼状の書き方

お礼状を出せないときにはメールを使う場合もあります。

相手のどの行動に対し、どのように感謝しているのか、その気持ちを丁寧に書きましょう。

件名：お歳暮のお礼
宛先：日本第一ビル　山田様

日本第一ビル株式会社
総務部　山田一郎様

いつもお世話になっております。
マナー株式会社　販促部の鈴木太郎でございます。

このたびは、お心のこもったお歳暮の品を
賜りまして、誠にありがとうございました。
早速一同でありがたく頂戴いたしました。
これからもご期待にお応えできますよう、
誠心誠意努力してまいる所存でございますので、
何卒ご指導ご鞭撻のほど
よろしくお願い申し上げます。

寒さの厳しい折、皆様くれぐれも
ご自愛くださいませ。

メールにて恐縮ですが、とり急ぎお礼申し上げます。

- - -

マナー株式会社　販促部
鈴木　太郎（スズキ　タロウ）
〒123-4567
東京都○○区○○1-1-1
TEL：03-1234-5670（代表）03-1234-5678（直通）
FAX：03-1234-5680

メールより封書のほうが思いを伝えるのに適しています。

手書きのお礼状の書き方

時候のあいさつなどを添え、心を込めて丁寧に書きましょう。

相手に感謝の気持ちが伝わることが大切です。


文章をつなげる場合は「さて」を使うと便利

拝啓　秋冷の候、ますますご隆昌のこととお喜び申し上げます。

さて、先日は弊社創立五十周年記念パーティにお越しくださいまして、誠にありがとうございました。おかげさまでパーティは大成功をおさめることができ、弊社社員一同、大変感謝いたしております。

貴社の一層のご発展をお祈りいたしますとともに、今後とも変わらぬご支援を賜りますよう、よろしくお願い申し上げます。

まずは取り急ぎ、厚く御礼申し上げます。

敬具

相手のおかげでどのような利益を受けたかを書く

ワンポイント

封筒に入れるときは

封書でお礼状を送付するときは、白色の封筒を使います。手書きの場合は、飾りつけなどはせずに、字を丁寧に書くようにしましょう。パソコンで作成しても問題はありません。

いずれの場合も、誤字は厳禁です。相手の名前は名刺などで確認し、正確に記載しましょう。

お詫び状の書き方

誠実な対応でトラブルの拡大を抑える

相手とのやりとりでミスを起こしたら、必要に応じてお詫び状を送付し、誠意を示しましょう。

お詫び状の基本

お詫び状を書くときは、言い訳をせずに自社側の非をきちんと認め、ミスや事故、トラブルなどを引き起こした原因を客観的に書くようにしましょう。

トラブルの重大さにより、お詫び状の送付前に直接謝罪に出向かなければならなくなることもあり得ます。

お詫び状送付のタイミング

相手とのやりとりの中で、ミスや事故などのトラブルを引き起こしたときに送付します。

送付することで問題が完全に解決するわけではなく、その後の状況も相手に細かく報告する必要があります。

- 事故が発生したとき
- 納品日が遅延したとき
- 注文と異なる商品を発送したとき

お詫びの3ステップ

電話 → お詫び状 → 直接謝罪

※相手に与えた被害が小さければ、電話とお詫び状のみ、または電話のみでよい場合もあります。

注意

まずは電話をする

不良品の送付や納期の遅延など、相手の利益に影響を及ぼすようなミスをしたら、まずは上司に報告し、それから被害を与えた相手に電話で報告することが第一です。

お詫び状を作成する前に、社内で情報を共有しておきましょう。

お詫び状の書き方

トラブルの原因と状況、今後の対応などを明確に記載しましょう。

事実と異なることを記載すると、会社の信用が損なわれます。

包み隠さず、事実を客観的に報告しましょう。

日本第一ビル株式会社
山田 一郎殿

商品誤納に関するお詫び

20××年×月×日
マナー株式会社
営業部 鈴木太郎

拝啓
　このたびはご注文いただきました商品の誤納につきまして、貴社へ大変なご迷惑をおかけいたしましたこと、深くお詫び申し上げます。

　事由に関する調査の結果、発送時の検品作業でのミスであることが判明いたしました。

　二度と同様の事態が起きぬよう、今後は発送管理の体制について今一度見直しを行い、また十分な注意をいたす所存でございます。何卒、ご容赦くださいますよう、伏してお願い申し上げます。

　なお、誤送品につきましては大変お手数をおかけし、恐縮ですが、料金着払いにてご返送いただければ幸いです。


　今後とも、何卒末永くご厚誼を賜りますよう、よろしくお願い申し上げます。

敬具

何についてのお詫び状であるかを件名に記載する

非を認め、謝罪する

事態の発生した原因や理由を明示する

- 今後再発しないよう、具体的な対処方法について記載する
- 対処中である場合は、現在の状況について報告する

今後も良好な関係を継続したいという思いを伝える

注意

誤字、脱字に注意

お詫び状での間違いはあってはなりません。

書き終えたら自分で見直し、上司にもきちんと確認してもらいましょう。

ワンポイント

簡易書留で送る

お詫び状が届かなければ、相手に与える印象はさらに悪くなります。不測の事態に備え簡易書留で送付するのが安全です。

誠意を示すために速達にしてもよいでしょう。

Column

仕事に生かせる新聞の読み方

スマートフォンやタブレットでいつでも最新情報を入手できるようになった現代でもなお、新聞は社会人にとって欠かせないメディアです。

新聞には社会的に重要度の高い情報が掲載され、文章の正確さや質も、ほかのメディアに比べて高くなっています。新聞を読むと、文章力、読解力、一般常識など、社会人に必要なさまざまな力が身につきます。

ここでは社会人として知っておきたい、新聞の活用方法を紹介します。

まずは全国紙や経済紙の中から、自分に合ったものを一紙選びます。知りたい情報が掲載されているものであればどれでもかまいませんが、重視するテーマや論調は新聞ごとに異なるので、あえて今まで読んだことのない新聞を選んでみると、新たな発見があるかもしれません。

新聞を読むときは、まず見出しを見ます。見出しに含まれる単語から自分に必要な情報かどうかを判断し、記事を絞って読むことにより、少ない時間で効率的に情報を仕入れることができ、情報を取捨選択する力も身につきます。特に、一面の見出しは必ずチェックしておきましょう。

執筆のプロである新聞記者が書く記事は、文章力を鍛えるのにも最適です。文章の構成や言い回し、タイトルのつけ方をまねることで、会社での文書作成に生かすことができます。文章力を高めるためには論理展開をわかりやすくすることも重要ですが、使える言葉のレパートリーを増やすだけでも、伝える力が大幅に高まります。

さらに、意味のわからない単語を調べて語彙《ごい》を増やしていけば、ニュース記事などの情報を正確に把握することができるようになるほか、自分の話に説得力や信頼感をもたせることもできるようになります。

第7章

接客・訪問のマナー

Keyword

- 打ち合わせ
- 名刺交換
- 案 内
- 席 次
- お辞儀／座礼
- 出 張

礼儀正しく対応する

接客・訪問の心がまえ

自社や相手先などで顧客と接するときは、大事な取引先として適切な対応を心がけましょう。

接客・訪問の3つの基本

身だしなみを整える

- □ ネクタイは緩んだり曲がったりしていないか
- □ 髪は乱れていないか
- □ 服にシワや汚れがないか
- □ 靴は磨かれているか

下調べをしておく

- □ 移動経路は確実か
- □ 約束の時刻の5分前には到着できるか
  ※個人宅の場合は約束の時刻ちょうどに訪問するのが理想的
- □ 顧客の事業内容や規模、動向、得意分野などを調べたか
- □ 訪問の経緯や前回の打ち合わせの内容を確認したか

必要なものを準備する

- □ 名刺は十分にあるか
- □ 打ち合わせなどで必要な資料は準備したか
- □ 打ち合わせなどの流れをまとめてレジュメにしたか
  ※記憶に頼って打ち合わせを進行するのはNG

接客・訪問の基本

接客・訪問時は自分が会社の顔となります。きちんとした服装や姿勢、丁寧な言葉遣いで、お互いが気持ちよく本題に入れるように働きかけましょう。相手の貴重な時間をいただいているという自覚をもち、予定どおりに終えられるよう効率的に行動する意識も必要です。

会社の常識!

相手と対面してすぐに本題に入るのではなく、相手の状況などを伺いながら、その場に合った進行を心がけることが大切です。相手の情報を調べたり、最新の業界動向をチェックしたりしておくとよいでしょう。

接客・訪問のケース

(例)

打ち合わせ	営業・提案訪問	あいさつ	お詫び
業務の進行方法やスケジュールに関する相談など	飛び込み営業や新サービス導入、企画の提案など	年末年始や移転祝い、退職、異動に伴う引き継ぎなどのあいさつ	トラブル発生などによる謝罪のための訪問

すべての顧客を大切にする

たとえ相手が飛び込み営業でも、不愛想にせず笑顔で対応しましょう。さまざまな顧客とよい関係を築いておけば、有益な情報が入ってきたり、思わぬチャンスがめぐってきたりすることもあります。

こんなときどうする？

Q ビジネスカジュアルで取引先を訪問してもよい？

A 取引先への訪問時はスーツ着用が原則ですが、取引先がクールビズやウオームビズなどのビジネスカジュアルを許容しているなら、それに合わせてもよいでしょう。
急な打ち合わせが入ったときに備え、ロッカーにスーツ、ワイシャツ、ネクタイ、靴下など一式を用意しておくと、あわてずに済みます。シワにならないように、保管には注意しましょう。

ワンポイント

来客を1人にしない

担当者がすぐに対応できない場合は、担当者が来るまでの時間を伝えます。お茶やコーヒーを出し、担当者が来るまで近況を確認するなどして待ちましょう。

あまりに遅い場合は、再度担当者を呼びにいくなどの対応が必要です。

ワンポイント

上司や先輩に学ぶ

上司や先輩の言動や行動は、それまでの経験を生かした、最も洗練されたお手本といえます。

上司や先輩と一緒に接客したり訪問したりする場合は、その言動や行動に注目し、話題の選び方やお茶の勧め方などを覚えておきましょう。

短時間で効率的に情報交換をする

接客・訪問の事前準備

接客や訪問を有益な時間にするために、事前準備を忘れずに行っておきましょう。

接客・訪問当日までの準備

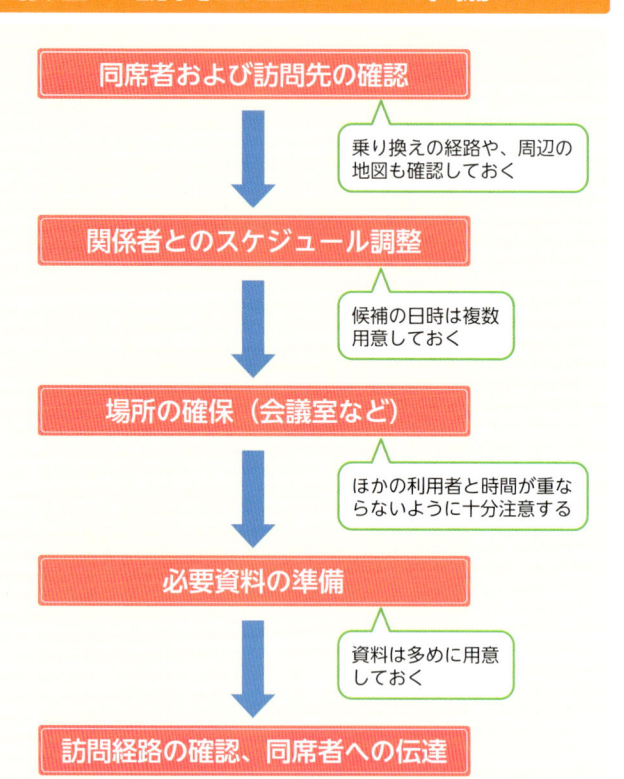

同席者および訪問先の確認

↓ 乗り換えの経路や、周辺の地図も確認しておく

関係者とのスケジュール調整

↓ 候補の日時は複数用意しておく

場所の確保（会議室など）

↓ ほかの利用者と時間が重ならないように十分注意する

必要資料の準備

↓ 資料は多めに用意しておく

訪問経路の確認、同席者への伝達

事前準備を忘れない

接客や訪問の当日までには、関係者とのスケジュール調整や、資料作成などの事前準備をしておく必要があります。

上司や先輩に確認しながら、当日の様子をイメージして必要と思われるものをリストアップしていきましょう。

注意

資料は予備を用意

作成した資料は、出席者数と同数ではなく、3部ほど余分に準備しておきましょう。急きょ出席者が増えた場合や控えが必要な場合などにも対応できます。それでも足りなくなった場合は、相手にひと言断ってからすみやかにコピーを取りにいきましょう。

スケジュール調整のしかた

接客や訪問の日時を決める際には、まず自社関係者の都合のよい日時をいくつか候補日として挙げ、相手に提案するようにします。

あまり早めに設定すると、十分な準備ができず、話し合う内容が薄いものになってしまう可能性もあります。打ち合わせの内容に応じて、適切な準備期間を設けましょう。

ワンポイント

相手への連絡方法

接客や訪問の日時を決める際には、メールで連絡を取り合うと、記録として残るので便利です。

ただし、直前になって変更しなければならなくなった場合は、事前に電話をして、相手の了解を得てからメールをしたほうがよいでしょう。

資料の作成方法

まず当日話し合う議題をまとめたものを1枚用意し、別紙として個々の項目の資料をつけます。相手に質問されそうな点を予想し、回答するために必要なデータをそろえておきます。

簡潔かつ明瞭な文書作成を心がけましょう（121ページ参照）。

議題資料の例

20××年×月×日
マナー株式会社
販促部　鈴木太郎

新サービス「マナージェット」のご提案

1. 商品概要説明
2. 他社様ご利用実績紹介
3. その他商品紹介

以上

ワンポイント

ほかの打ち合わせと併せて行う

取引先の相手に訪問してもらう場合は、予定している打ち合わせ以外に自社への用事がないかどうか、相手本人や関係者にあらかじめ確認しておきましょう。

そうすることで相手の移動時間や手間を軽減し、複数のプロジェクトを効率的に進めることができます。

用意するものチェックリスト

- □ 名刺（十分な枚数を用意）
- □ スケジュール帳
- □ メモ帳
- □ ペン（黒、赤、青の３色があると便利）
- □ 資料
- □ ノートパソコン（必要があれば）

来客時の案内のしかた

スムーズに打ち合わせに入るための対応

顧客を待たせないよう段取りを決め、スムーズに本題に移れるように対応しましょう。

接客の流れ

受　付（顧客を迎え入れる）

「いらっしゃいませ。
×× 社の ×× 様でいらっしゃいますね。
お待ちしておりました」

↓

取り次ぎ（訪問相手に来客の旨を伝える）

「どうぞこちらへおかけくださいませ。
担当の ×× が参ります。
少々お待ちください。失礼いたします」

↓

案　内（会議室など所定の場所にお連れする）

「ご案内いたします。どうぞこちらへ」

↓

入　室（使用していない部屋でもノックしてから入室し、相手に上座を勧める）

↓

商談などの本題（来客の目的である商談、打ち合わせなどを行う）

↓

見送り（最後まで失礼のないように気をつけて見送る）

本題に入るまで

接客は本題を話し合うことだけがすべてではありません。会議室への移動時に相手の情報をさりげなく把握するとともに、スムーズに本題に移れるような雰囲気をつくっておくとよいでしょう。

こんなときどうする？

Q 待ち合わせ時間になっても相手が来ない

A 相手に電話をして確認します。留守番電話になってしまった場合は、状況を連絡してほしい旨を伝え、時間をおいて再度連絡しましょう。
あらかじめ携帯電話の番号など、緊急時の連絡先も聞いておくとよいでしょう。

受付での対応

受付では、顧客の名前と会社名、自社の担当者名を復唱して確認します。「失礼ですが、お名前と御社名をお伺いできますでしょうか」などと確認しましょう。

約束の有無を確認し、約束がない場合は用件を聞くことも必要です。

いすなどがある場合は座って待ってもらいましょう。

ワンポイント

顧客より先に行動する

ドアの開閉やエレベーターの操作など、顧客より先に行動するように意識しましょう。

顧客の訪問に感謝し、相手に余計な手間をかけないように配慮することが、良好な関係の構築につながります。

案内するときは

顧客を無言で案内するのは避け、訪問のお礼を言ったり雑談をしたりしながら、明るい雰囲気で話し合いに入れるようにしましょう。

階段では、断りを入れてから自分が先に上り、顧客を先導するのが一般的です。

注意

気配りを忘れない

歩く速度を顧客に合わせる、荷物を持っていたら手伝いを申し出るなど、気配りを忘れないようにしましょう。

こうした行動の積み重ねが顧客に対してよい印象を与え、会社の利益へとつながっていきます。

会議室に着いたら

会議室に着いたら、たとえ誰もいなくてもノックをして入室しましょう。外開きのドアの場合は顧客を先にお通しし、内開きの場合は自分が先に入室します。

お土産を渡されたらお礼を言って受け取り、上司や担当者に伝えましょう。

ワンポイント

お茶の出し方

季節に合わせて、春から夏にかけてはグラスに冷たいお茶を、秋から冬は茶碗に温かいお茶を入れましょう。コースターとグラス（茶托《ちゃたく》と茶碗）は別々にお盆に載せて運びます。茶托（またはソーサー）はお盆の上で茶碗を載せてから出し、コースターは先にテーブルに置いてから、その上にグラスを載せます。

礼儀正しく顧客にあいさつをする

訪問時の受付のしかた

訪問の機会をもらったことに感謝し、失礼のない謙虚な対応を心がけましょう。

本題に入るまで

訪問は時間厳守が基本です。5分前には到着するようにしましょう。遅れる場合はできるだけ早めに電話で連絡して謝罪し、正確な時間を伝えます。

訪問先に到着したら、建物に入る前にコートを脱ぎ、雨天の場合は傘のしずくを払って、身だしなみを整えましょう。

飛び込み営業の場合は、受付で断られたら必要以上に取り次いでもらおうとせず、名刺を渡してから丁寧にお礼を言って退出しましょう。

約束の有無にかかわらず、相手と気持ちよくやりとりすることが基本です。

訪問の流れ

受　付

きちんと名乗り、約束があることを伝える

- コートは受付前に脱いでおく
- 雨に濡れた傘は門外でしずくを払う
- コートは外側が中になるよう（中表《なかおもて》）にして持つ

「失礼いたします。私《わたくし》、マナー株式会社の鈴木と申します。本日13時に、管理部の佐藤様にお約束をいただいております。恐れ入りますが、お取り次ぎ願えますでしょうか」

↓

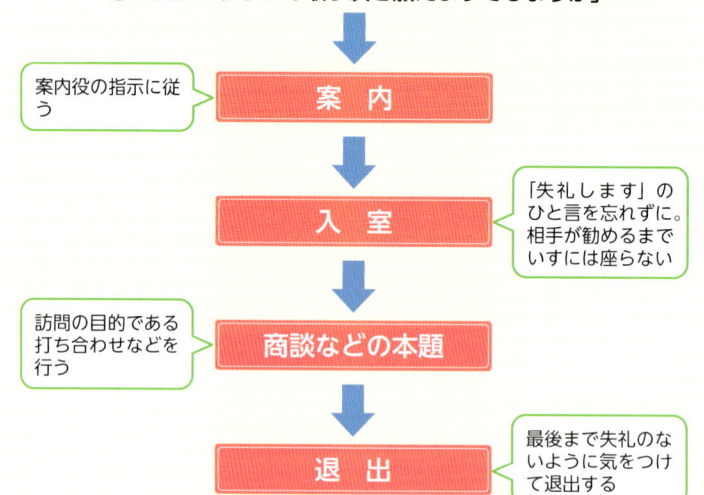

案　内

案内役の指示に従う

↓

入　室

「失礼します」のひと言を忘れずに。相手が勧めるまでいすには座らない

↓

商談などの本題

訪問の目的である打ち合わせなどを行う

↓

退　出

最後まで失礼のないように気をつけて退出する

受付でのふるまい

受付に到着したら、まず自社と自分の名前を名乗りましょう（右ページ参照）。その際、名刺も渡すと係の人がスムーズに取り次ぎやすくなります。その後、訪問の目的を簡単に説明します。

待合室に案内されたら、スケジュール帳の確認などをしながら静かに待ちます。音楽を聴いたりゲームをしたりせず、読書も避けたほうがよいでしょう。

会議室に着いたら

入室時は「失礼します」のひと言を忘れないようにします。入室したら、案内者が勧めるのを待ってからいすに座りましょう。お茶が置いてあっても、勧められるまで飲むのを控えます。

案内者がいったん退出し、あとから取引先の担当者が来る場合は、待つ間に打ち合わせの資料をカバンから出すなどの準備をしておきます。

担当者が来たら

打ち合わせの担当者が入室したら、すぐにいすから立ち上がってあいさつをします。

初めての相手の場合は、名刺交換をします。2度目以降の相手の場合は、近況を伺いながら「お忙しいところお時間をいただき、ありがとうございます」とお礼を述べてから本題に入りましょう。

こんなときどうする？

Q 立って待つときはカバンを床に置いてよい？

A しばらく相手が来なければ、自分の足のすぐ横に置いてかまいません。

Q 受付でお茶を出されたが飲んでよい？

A 飲んでかまいませんが、すぐに飲み干すのは見苦しいので控えます。

ワンポイント

手土産を渡す

手土産は事前に上司や先輩と相談のうえで選び、購入しておきます。名刺交換のあとに「どうぞ皆様で……」などとひと言添えて渡しましょう。袋に入れてある場合は、袋から出して渡します。手土産を受け取らない会社もありますので、あらかじめ調べておきましょう。

礼儀を示す行動の基本

お辞儀のしかた

ただ頭を下げるのがお辞儀ではありません。相手や状況に合わせて丁寧にお辞儀をしましょう。

お辞儀のしかた（立礼《りつれい》）

頭、肩、背筋が一直線になるようにする

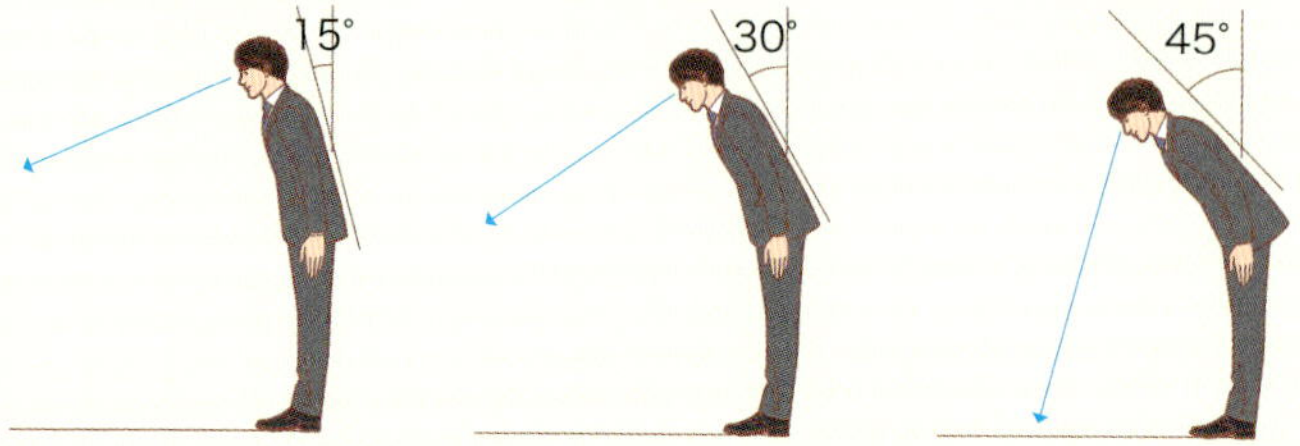

会　釈

- 4、5メートルほど先を見る
- 人とすれ違うとき、お茶出し、入退室のときなど

普通礼

- 2、3メートルほど先を見る
- 通常のあいさつのとき、顧客を出迎えるとき、指示を受けたときなど

敬　礼

- 1メートルほど先を見る
- 顧客の見送りのとき、感謝を伝えるとき、お詫びするときなど

いすに座っているとき

- 重要な相手：立ち上がって礼（どうしても立てない場合には両手を膝に置いて礼）
- 通常の取引先など：座った状態で膝に両手を置いて礼
- 電話中など：座った状態で膝に片手を置いて礼

お辞儀のポイント

お辞儀は相手に与える印象を大きく左右します。普段からお辞儀をする習慣をつけておき、失礼のないようにしましょう。

相手への敬意をきちんと示せるかどうかが重要なので、電話などをしていてお辞儀ができない場合は、片手だけでも膝に置いて頭を下げるなど、その場でできる丁寧な態度をとりましょう。

いすに座っている場合は、状況によっては立ち上がる必要がありますが、和室などで床に座っている場合は、立たずにそのまま礼をします。

分離礼と同時礼

礼には分離礼と同時礼の２種類があり、場面に応じて使い分ける必要があります。
効果や使うタイミングは立礼、座礼共通です。

分離礼

言葉と動作を分けて行う礼のこと

- **効果**
  丁寧な印象を与える
- **使うタイミング**
  大切なお願いをするときなど

同時礼

あいさつなど言葉をかけながらする礼のこと

- **効果**
  スピーディーな印象を与える
- **使うタイミング**
  通常の受け答えのときなど

座礼《ざれい》のしかた

❶正座をして姿勢を正してから、両手を膝のすぐ前に置く

※上体を傾けるときも背中は曲げない

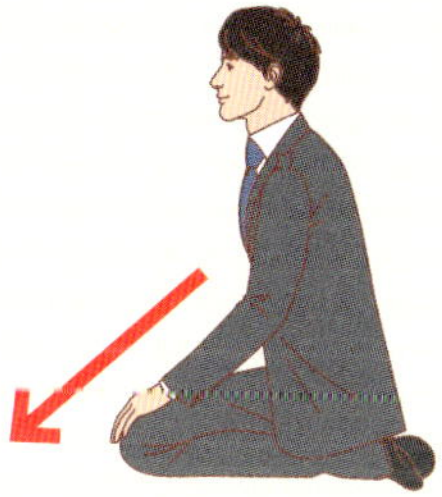

❷手をついてひと呼吸おいてから頭を下げ、２秒ほど静止してから頭を上げる

お辞儀をするタイミング

お茶出し
入室したとき、お茶を出すとき、お茶を出し終えたとき、退室するときにお辞儀をします。入室したときとお茶を出すときは「失礼いたします」とひと言添えるのを忘れないようにしましょう。

受付での来客対応
「いらっしゃいませ」と声をかけ、相手の目を見てからお辞儀します。

訪問先での退室
ドアの手前で一度立ち止まり、室内にいる相手を振り返って「失礼いたします」などとあいさつし、お辞儀をします。

視線の位置

まず相手と目を合わせ、相手に対してのお辞儀であることを示してからお辞儀をします。
　頭を下げると同時に視線を床に移し、頭を上げたときに再び相手と目を合わせるようにします。

会社や個人の連絡先の交換

名刺の受け方・渡し方

名刺は人脈づくりのきっかけになる大切なものです。きれいに整理し、上手に管理しましょう。

名刺交換の基本

名刺とは…

- ビジネスを円滑にするコミュニケーションツール
- 会社や個人の連絡先を正確に伝える

役割と活用法

- 自己紹介などで用いられ、初対面の会話の糸口になる
- 会社のイメージや信頼感を高める
- 人脈づくりのきっかけになる

相手の目を見る
背筋を伸ばす
まっすぐ向き合って受け渡す
相手と適切な距離を保つ
両手で受け渡す
名刺は胸の高さに持つ

名刺交換の心がまえ

初対面の相手とは、本題に入る前にあいさつとして名刺交換を行います。訪問した人が先に渡すのがマナーです。まず目上の人、次に新人という順番で交換を行います。

交換後は机上の名刺入れの上に、受け取った名刺を置きます。複数枚ある場合は、役職が一番高い相手の名刺を名刺入れの上に置き、それ以外は重ねず横に置きます。席順どおりに並べて置くとよいでしょう。

名刺をしまうことは打ち合わせ終了を意味するので、やむを得ずしまう場合は「名刺を入れさせていただきます」と断るようにしましょう。

名刺の渡し方

（同時交換のしかた）

まず、自分の名刺を相手に向け、名刺入れの上に１枚載せる

次に、自分の名刺を右手で持ち、相手の名刺入れの上に載せるように差し出す

「私、××会社の××と申します」

※名前などが読めない場合は「失礼ですが、どのようにお読みすればよろしいでしょうか」と聞く

渡すときのひと言

よろしく
お願いいたします。

受け取るときのひと言

ちょうだいいたします。

名前を確認する

×× 様で
いらっしゃいますね。

名刺交換でしてはいけないこと

テーブル越しに交換する
移動できない場合は「テーブル越しに失礼いたします」とひと言添えて交換する

ズボンのポケットに入れる
胸より下のポケットに入れると失礼にあたる

名刺を落とす
もし落としたら「大変失礼いたしました」と謝罪する

名刺の上に書類などを置く
名刺を見えない状態にするのは失礼にあたる

相手の前で名刺に書き込みをする
打ち合わせ中は手帳などにメモする

訪問先に名刺を置き忘れる
相手を軽く扱ったことになり、失礼にあたる

こんなときどうする？

Q まだ名刺を持っていない…
名刺が切れてしまった…

A 「申し訳ございませんが、ただ今名刺を切らしております。のちほど改めて送らせていただいてもよろしいでしょうか」と伝え、打ち合わせ後すぐに郵送します。

Q 名刺交換のタイミングを逃してしまった…

A 話が区切れたところで「申し遅れました」とひと言添え、交換しましょう。

名刺の管理方法

受け取った名刺は、名刺フォルダなどで管理します。日付を記入し、名字の頭文字で分類しておくと便利です。スキャンしてデータ化すればパソコンやスマートフォンなどでも管理できますが、情報漏えいには十分注意しましょう。

お互いを知って会話をしやすくする

人物紹介の進め方

お互いを紹介して円滑なコミュニケーションが図れるように、伝える内容を絞りましょう。

人物紹介の基本

　ある人をほかの人に紹介するときは、先に下位（自社）の人を上位（顧客）に紹介するのが基本です。自社の人には敬称をつけず、敬語も使いません。

　会社名や部署名だけではなく、紹介する人の経歴や専門なども簡単に述べると、信頼感をもたれます。

人物紹介のポイント

基　本

- 立場が上の人が、先に相手の紹介を受ける
- 自社の人以外には尊敬語を使う

紹介の順序

相手と初対面のとき	相手に自分の上司を紹介するとき	他部署の上司に自部署の上司を紹介するとき
❶上司が相手と名刺交換 ↓ ❷次の立場の社員が名刺交換	❶相手に上司を紹介 ↓ ❷上司に相手を紹介 ↓ ❸上司といっしょにお辞儀	❶他部署の上司に自部署の上司を紹介 ↓ ❷自部署の上司に他部署の上司を紹介 ↓ ❸自部署の上司といっしょにお辞儀

伝える項目

- 会社名
- 部署名
- 役　職
- 名　前
- 訪問の経緯と用件
- 経歴や専門、担当分野など

他己紹介の例

上司を紹介するとき

こちらは私の直属の上司にあたります、マネージャーの田中です。

後輩を紹介するとき

こちらは今年入社しました○○です。

別の担当者を紹介するとき

こちらが今回の案件を担当させていただきます、販促部の山田です。

他社の担当者を紹介するとき

こちらは Web 制作を行っている、第一株式会社の佐藤さんです。

自己紹介の例

初めてお目にかかります。

マナー株式会社で営業を担当しております、山田と申します。

前職では経理を担当しておりまして、2年前にこちらの営業担当となりました。

どうぞよろしくお願いいたします。

注意

長く話しすぎない

緊急の打ち合わせなどの場合は、20秒程度で必要な情報のみを簡潔に述べましょう。

初めての取引における顔合わせなど、相手との相互理解が目的の場合は、相手の反応を見ながら少し長めに話してもかまいません。

ただし、不要なことを長々と話すとこちらの印象を悪くしてしまう可能性もあります。相手が話を聞いているように見えても、長く話しすぎるのは控えましょう。

注意

中座しない

誰かを紹介するときに打ち合わせを中座することは失礼にあたります。

どうしても時間がない場合は事前に相手と紹介者の双方へ伝えておき、「申し訳ございませんが、どうしても外せない別件がありますので失礼いたします」と断ったうえで退出しましょう。

本題へのつなげ方

本日はお忙しいなか、お時間をいただきまして、誠にありがとうございます。

（時間をもらったことへの感謝の気持ちを伝える）

→ お問い合わせいただいた当社サービスにつきまして、ご説明に伺いました。
（目的や経緯についての説明と確認をする）

→ 本日はどうぞよろしくお願いいたします。
（改めてあいさつをする）

席次《せきじ》を覚える

自分の位置で敬意を表す

立場や人数により、立ち位置や席次は変わります。相手に失礼のないよう、正しい席につきましょう。

席次の重要性

座る席の順序のことを「席次《せきじ》」といいます。会議室や移動中の車内での席次には、目上の人や年長者への敬意、来客に対する歓迎の気持ちがこめられています。

来客は上座に案内し、自分は下座に座るという原則を覚えておきましょう。

席次の基本

上座《かみざ》と下座《しもざ》を考慮し、最適な位置に座る

上座

- 立場が上の人が座る位置
- 部屋の奥にあたり、入り口から一番遠い席
- 高級ないすが置いてある位置
- 直射日光があたらない、外の景色がよく見えるなど、環境がよいところ

下座

- 上座の逆にあたる位置

席次を考慮すべきシーン

- 室内（会議室、応接室、飲食店など）
- エレベーター
- 乗り物（自動車、電車、飛行機など）

会社の常識！

接客時には、来客のうち役職が一番高い人を上座へ通します。新入社員は基本的に下座に座りますが、訪問時などには案内された席に座りましょう。座るタイミングは上司に合わせます。

場所ごとの席次

（❶から順に上座）

応接室

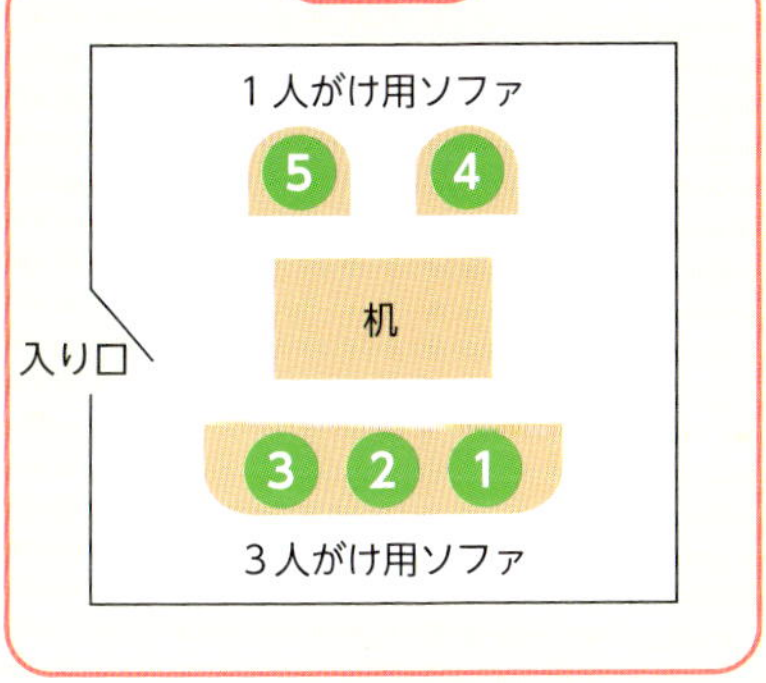
1人がけ用ソファ
5
4
机
入り口
3
2
1
3人がけ用ソファ

エレベーター

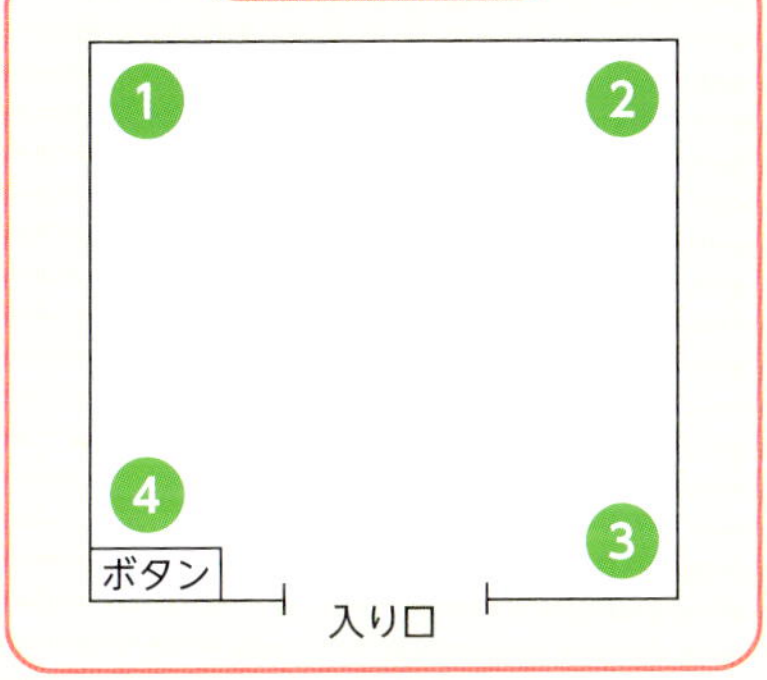
1
2
4
3
ボタン
入り口

会議室

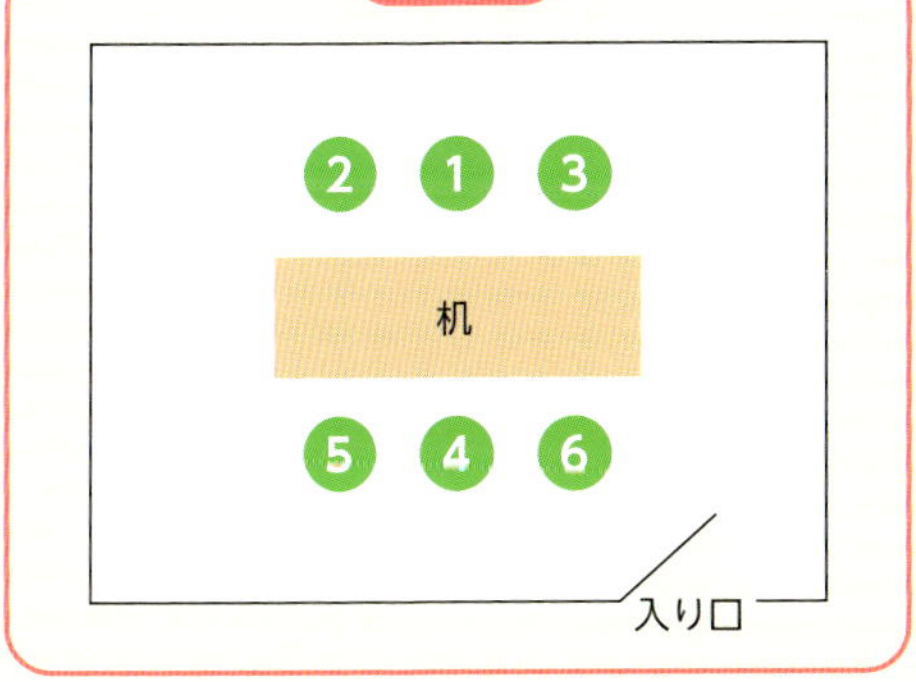
2
1
3
机
5
4
6
入り口

車

①タクシーの場合

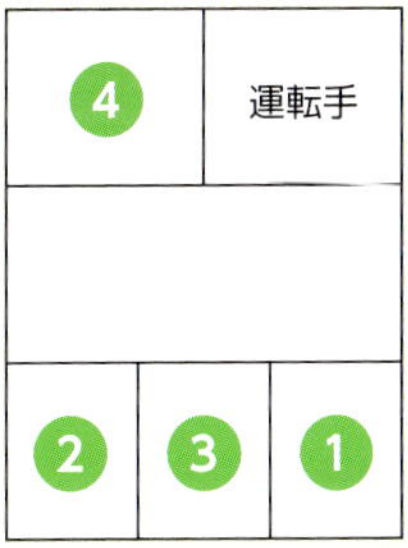
4
運転手
2
3
1

②顧客や上司が運転する場合

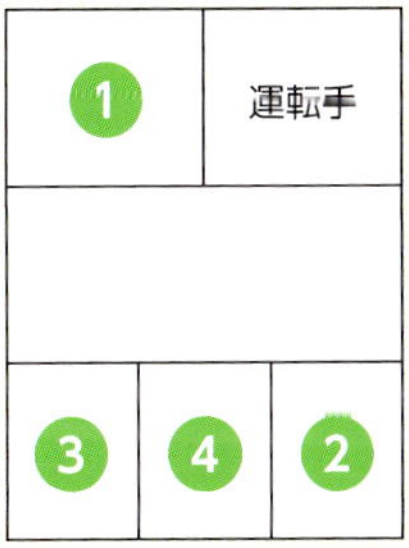
1
運転手
3
4
2

飛行機

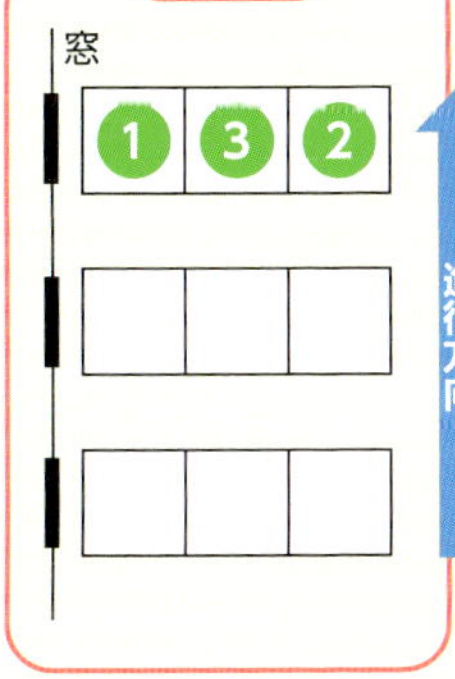
窓
1
3
2

列車

（ボックスシート）

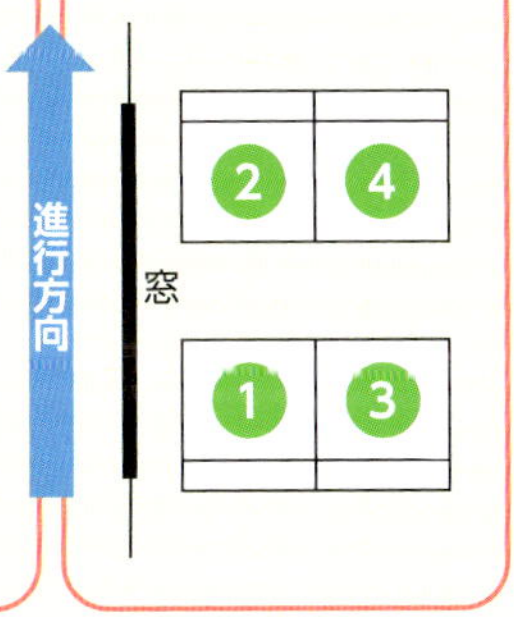
進行方向
窓
2
4
1
3

次回の来客や訪問につながる対応をする

見送り・退出のしかた

本題が終わったあとも、来客時は見送りまで、訪問時は退出まで気を緩めないことが大切です。

接客・訪問終了の流れ

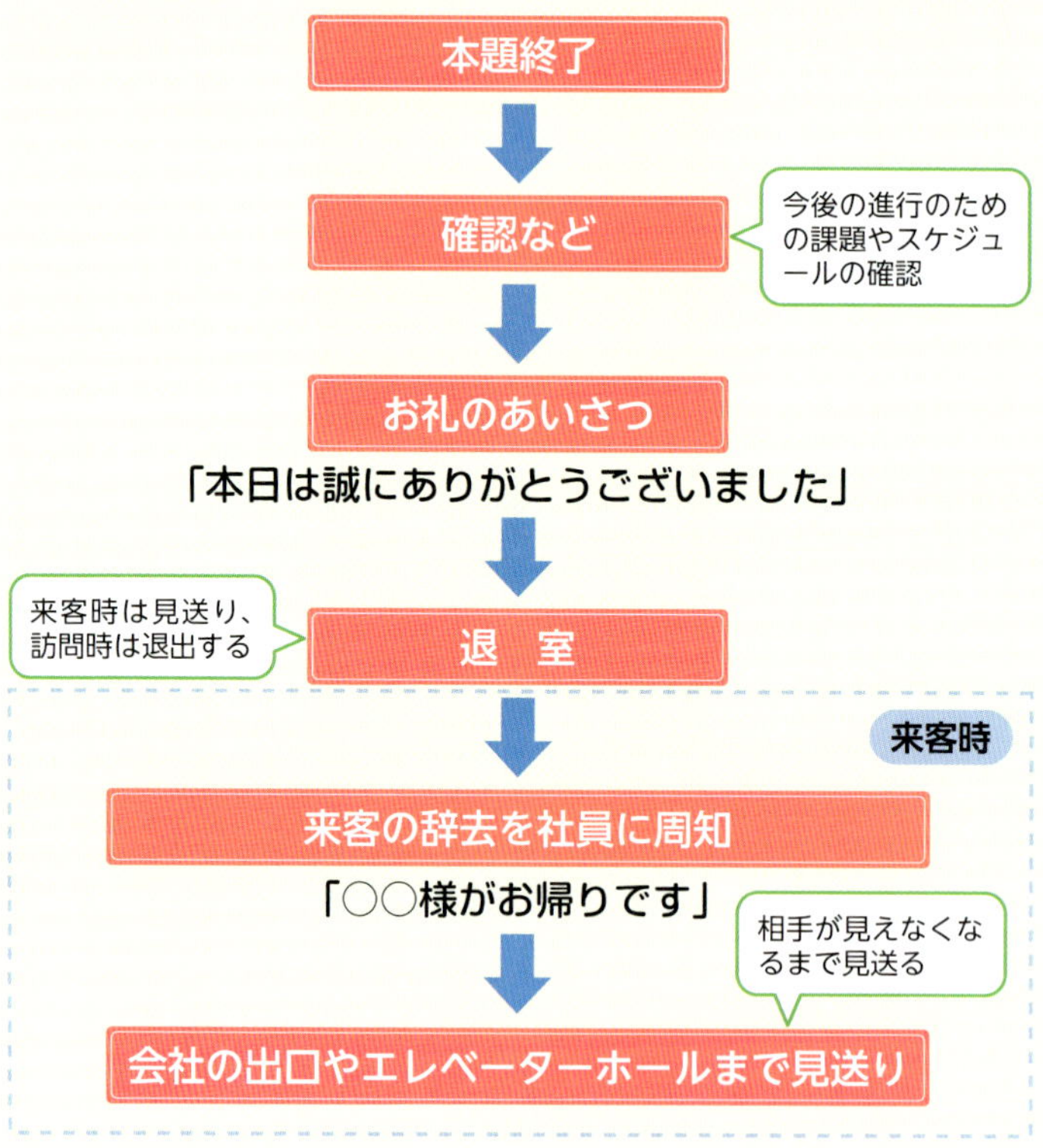
本題終了
確認など
今後の進行のための課題やスケジュールの確認
お礼のあいさつ
「本日は誠にありがとうございました」
来客時は見送り、訪問時は退出する
退　室
来客時
来客の辞去を社員に周知
「○○様がお帰りです」
相手が見えなくなるまで見送る
会社の出口やエレベーターホールまで見送り

見送り・退出の心がまえ

本題の話し合いが終わったあとも、礼儀を重んじた対応をすることが必要です。本題で両社の利益となるような結論に至らなかったとしても、見送りや退出のマナーを守ることで、会議や打ち合わせなどを気持ちよく終わらせることができます。

来客時には、相手が「不要」と申し出ない限り、エレベーターホールまでは見送りましょう。途中まで見送る場合は「こちらで失礼いたします」などと言葉をかけ、非礼を詫びます。

訪問時は勝手に帰ろうとせず、相手の誘導に従って退室しましょう。

来客の見送り

会社の出口やエレベーターホールまで案内し、相手がドアに差し掛かったら「本日はありがとうございました」とお礼を述べ、ドアが閉まるまでお辞儀をして見送りましょう。

会社の出口まで案内した場合は、相手の姿が見えている間は見送るようにします。相手が振り返ったら、お辞儀で返します。

注意

見送りが終わったら

すぐに自席には戻らず、使用した部屋の片づけを行います。
備品をもとの場所に戻すとともに、お茶を片づけ、机上を拭いてきれいにします。机やいすの配置ももとに戻します。
もし来客の忘れものがあれば、すぐに連絡し、引き渡しの方法について確認しましょう。

退出するとき

本題の話し合いが終わったら、目的のことをすべて話し合えたかを確認し、訪問した側から辞去を切り出すのが一般的です。約束の時間になり、上司がそれに気づいていなければ「部長、いただいた時間を過ぎてしまいました」「○○様は大変お忙しい方ですのでそろそろ…」と伝えるのがよいでしょう。

お礼のメールを送信する

接客を終えて自席に戻るか、訪問先から帰社したら、すぐにお礼のメールを送信します。打ち合わせや会議の機会を与えてもらったことに対する感謝の思いを伝えましょう。

フォローをきちんとしておけば、相手とコミュニケーションがしやすくなります。

お礼メールの例

日本第一ビル
山田　一郎　様

いつもお世話になっております。
マナー株式会社の鈴木と申します。

本日はお忙しいところ、弊社までご足労いただき
誠にありがとうございました。
本日の内容を社内にて至急検討し、明日中にご返事いたします。

まずは取り急ぎお礼まで。
引き続き、どうぞよろしくお願いいたします。

****
マナー株式会社
販促部　鈴木　太郎
〒123－4567

宴会のマナー

参加者に気を配り、自由に情報交換をする

宴会は人間関係を深めるよい機会ですが、同時に参加者への気配りも求められます。

宴会の意味と心がまえ

宴会は、仕事以外で上司や先輩とコミュニケーションを図るよい機会です。勤務中の悩みなどを相談したり、日ごろ考えている企画を話したりするなど、時間を有効に活用しましょう。また、幹事は会場の予約や当日の集金などさまざまな雑務をこなす必要がありますが、最後まで役目を果たすことで、段取りのつけ方の練習にもなります。

宴会の種類と実施の流れ

種　類

- **社内行事としての宴会**　新人歓迎会、新年会など
- **先輩との宴会**　小人数での新人歓迎会、打ち上げなど
- **同僚との宴会**　懇親会、打ち上げなど
- **取引先との宴会**　接待、パーティーなど

実施の流れ

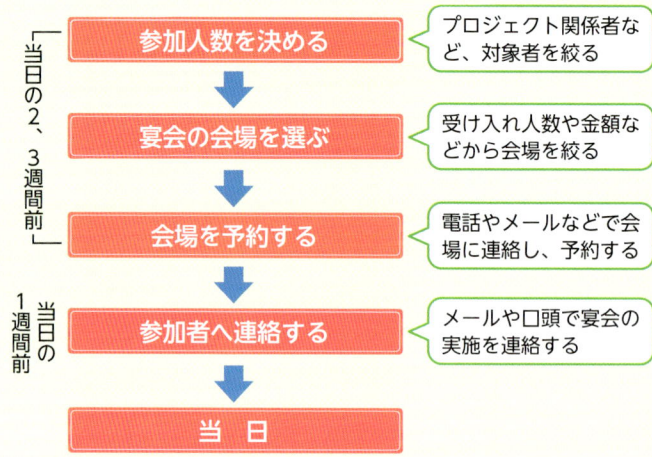

当日の2、3週間前
1. **参加人数を決める**　プロジェクト関係者など、対象者を絞る
2. **宴会の会場を選ぶ**　受け入れ人数や金額などから会場を絞る
3. **会場を予約する**　電話やメールなどで会場に連絡し、予約する

当日の1週間前
4. **参加者へ連絡する**　メールや口頭で宴会の実施を連絡する
5. **当　日**

会社の常識！

人脈を広げておくと、思わぬところで助けられることがあります。宴会では初対面の相手とも積極的に話し、情報交換に努めましょう。

会場の予約のしかた

会場を予約する場合は、まず参加者を正確に把握することが大事です。参加者の年齢や性格、好み、参加人数などに応じて選ぶべき会場は変わるので、参加者リストを作り、期日を決めて参加の可否を回答してもらうようにしましょう。

参加者がある程度決まったら、参加者の好みなどを考えながら会場を探します。会場が決まっている場合もあるので、上司や先輩に確認しましょう。

会場が決まったらすみやかに予約しましょう。特に年末年始は、どの会場もすぐに予約で埋まってしまうので注意が必要です。

予約の流れ

宴会の開催が決まったらすぐに行動

参加人数の把握

- 参加の可否を確認するためのリスト作成
- 直接聞いて回るか、回答期日を決めてメールを送信

↓

会場の選定

- 会社から近いか
- 宴会に適した雰囲気・規模か
- 参加者がくつろぎやすい環境（テーブルといす、座敷、掘りごたつなど）か
- 参加者の好みに合ったお酒や料理があるか
- 適度な値段か

↓

会場の予約

- 電話で宴会の日時や人数、希望を伝える
- インターネットなどの情報だけでは不明な点を確認する
- 自分の名前と連絡先（携帯電話の番号など）を伝える
- 下見に行って会場の雰囲気を確認する

当日の案内を行う

会場を予約できたら、参加者にメールなどで宴会の開催を周知しましょう。日時や場所など基本的な情報のほかに、宴会の流れやテーマ、会費の集金方法なども記載しておきます。当日にも口頭で伝えるようにするとよいでしょう。

案内する項目

- 日時、会場
- 会場の所在地（住所、電話番号、地図）
- 会場のホームページアドレス
- 参加者、席次
- 会費、集金方法（事前、当日、後日）
- 宴会の流れ
- 宴会のテーマ（どのような目的で開催するか、目玉となるイベントは何かなど）

宴会時の流れ

1. **座席案内**
   - 幹事は先に会場を訪れ、参加者に座席を案内
   - 席次は上座と下座、社内の人間関係などを意識
2. **飲み物や料理の注文**
   - 参加者がそろったら、個々の参加者の希望を聞き、幹事から注文
3. **乾杯の音頭**
   - 幹事が宴会の流れを説明
   - 宴会の主役や上司に乾杯の音頭を依頼（あらかじめ依頼しておく）
   - 乾杯前後に終了時間を周知
4. **注ぎ分け、取り分け、追加注文**
   - 上位→下位の順に飲み物や料理を取り分ける
   - しょうゆなどの調味料は小皿に注いでから渡す
   - 飲み物が少なくなった人に「次は何をお飲みになりますか」と尋ねる
5. **締めのあいさつ**
   - 幹事が、宴会終了の時刻が近づいてきたことを告げる
   - 乾杯の音頭とは違う人にあいさつを依頼（あらかじめ依頼しておく）
6. **退店**
   - 幹事は店員に領収書を依頼
   - 会費当日回収の場合は集金を行う

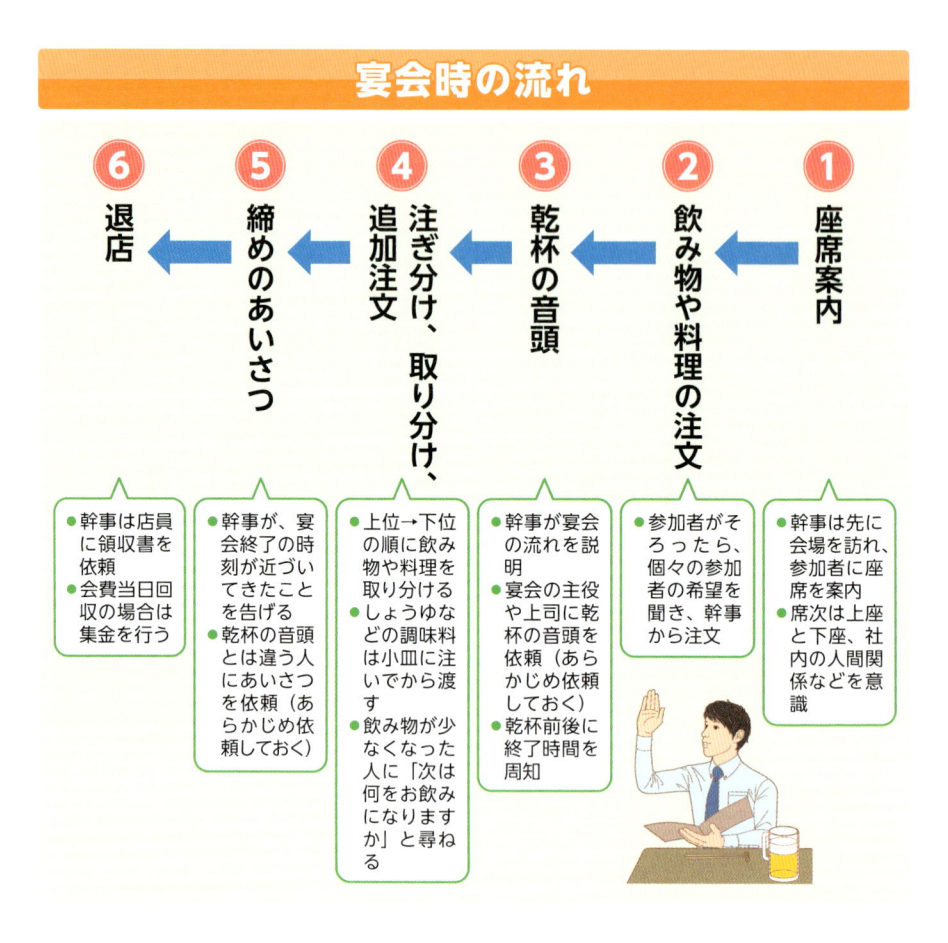

こんなときどうする？

Q 上司に席を替わるように言われたが、替わってよい？

A 上司に言われた場合は、席次を気にせず、指示に従ってかまいません。

Q 何を話せばよいのかわからない

A 話そうとする姿勢が大事です。業務のアドバイスや休日の過ごし方、健康に関する話題などを出して、会話を練習する意識が必要です。

注意

無礼講《ぶれいこう》の意味を理解する

上司は、勤務中とは違う一面を見て部下に対する理解を深めたり、業務中の悩みなどの相談に乗ったりすることを目的に「今日は無礼講だから」という言葉を使っているはずです。
包み隠さず何でも話してよいという意味ではないので注意しましょう。敬語も、勤務時間中と同様に正しく使わなければいけません。

宴会の締め方

終了時刻が近づいたら、「宴もたけなわではございますが、このあたりでお開《ひら》きにさせていただきます」などと声をかけます。「終わる」という言葉は使いません。

声を荒げたり、急かしたりすると、せっかくよい雰囲気になっていても台無しになってしまいます。下からお願いする立場で根気強く頼みましょう。

締めたあとにすべきこと

- 忘れ物のチェック
  締めのあとには、忘れ物に気をつけるよう注意を促します。
- 領収書の受領
- 会費の集金（必要に応じて）
- ２次会の案内（必要に応じて）

集金のしかた

参加者リストを使い、支払いが完了した人から退出してもらうようにします。集めた現金は紛失しないように注意し、封筒などに入れて手元から離さないようにしましょう。

後日回収する場合は、一度立て替えて支払う必要があります。もし高額で自分の手持ちのみで支払うのが難しいときには、上司に相談しましょう。

領収書の受領

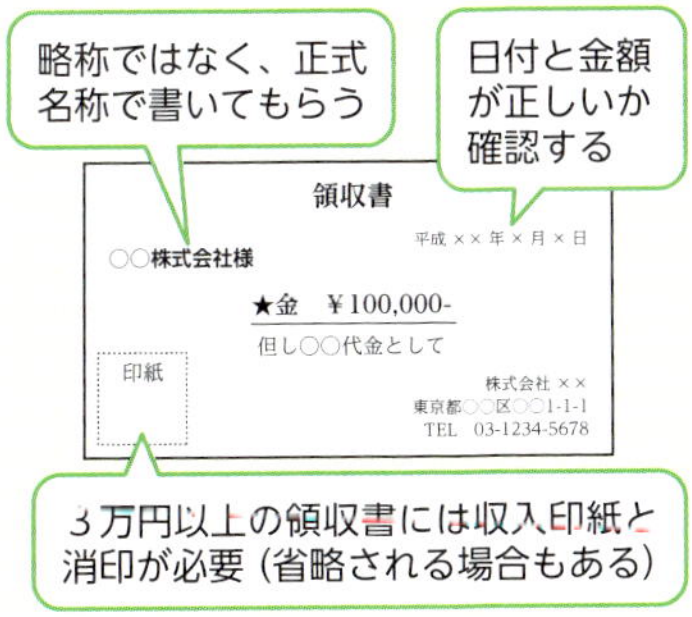
略称ではなく、正式名称で書いてもらう
日付と金額が正しいか確認する
領収書
平成××年×月×日
○○株式会社様
★金 ¥100,000-
但し○○代金として
印紙
株式会社 ××
東京都○○区○○1-1-1
TEL 03-1234-5678
３万円以上の領収書には収入印紙と消印が必要（省略される場合もある）

お礼を忘れずに

翌出社日には、参加者に「昨日はお疲れさまでした」と声をかけて回ります。他部署などで近くにいない人には、あいさつにいくか、内線電話でお礼を言いましょう。また、会社から一部費用を負担してもらっている場合は、社長や上司にお礼を伝えます。参加者に収支報告書を送付する必要がある場合は、左図を参考にメールを作成しましょう。

収支報告書の例

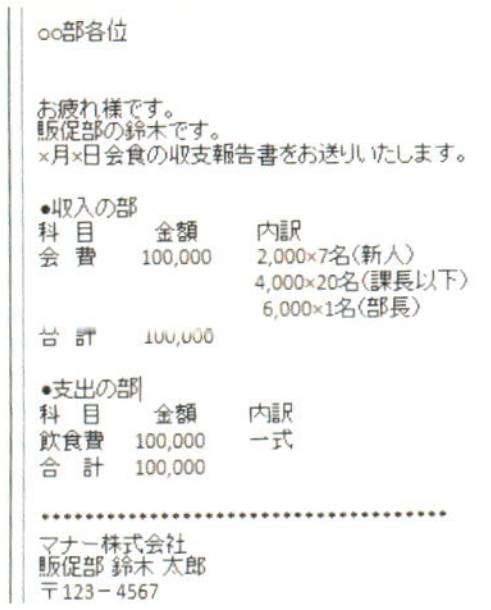

○○部各位

お疲れ様です。
販促部の鈴木です。
×月×日会食の収支報告書をお送りいたします。

●収入の部

科目	金額	内訳
会費	100,000	2,000×7名（新人） 4,000×20名（課長以下） 6,000×1名（部長）
合計	100,000	

●支出の部

科目	金額	内訳
飲食費	100,000	一式
合計	100,000	

••••••••••••••••••••••••••••••
マナー株式会社
販促部 鈴木 太郎
〒123－4567

的確な準備と予定管理で具体的な成果を得る

出張の基本と準備

事前準備を行い、確実に利益につながる出張にするとともに、社外でのマナーにも注意しましょう。

出張するときの心がまえ

出張は仕事の一環です。気を抜かず、社会人としての自覚をもって行動しましょう。

出張では想定外のトラブルが起こりやすいので、しっかりと事前準備をして、早めの行動を心がけます。

上司が同行する場合には、訪問先の地図や資料などを早めに渡し、必要な情報を共有しておくことが重要です。

そうすることで、訪問先でスケジュールを重視したスムーズな打ち合わせができます。

出張に必要な手続き

出張申請
出張の内容を文書にして会社に提出する

スケジュール把握
時間単位のスケジュールを決める

宿泊予約
目的地に近く、金額、交通の便など、条件がよい施設を予約する

相手先への連絡
訪問する日時や目的などを伝える

手土産の準備
必要に応じて購入しておく

持ち物チェックリスト

- ☐ 現金（1日につき2万円程度）
- ☐ クレジットカード
- ☐ 名刺
- ☐ スケジュール帳
- ☐ 打ち合わせの資料
- ☐ 地図
- ☐ 携帯端末と充電器
- ☐ 手土産
- ☐ 宿泊用品など

注意

出張費用に気をつける

遠方出張の場合は、旅費や宿泊費などのコストが大きくなります。訪問先へは最短で最安の経路を使いましょう。会社が負担するので、できるだけ費用を圧縮する意識が大切です。
当初の予定以外でもできることがあれば積極的に行動してみましょう。訪問先の新たなニーズなどを聞いておけば、出張にかけたコスト以上の利益を生み出すことができるかもしれません。

宿の予約方法

あらかじめ宿泊代の上限額や提携先ホテルの有無などを上司に確認しましょう。

特に決まりがなければインターネットなどで検索し、最安の施設を予約します。その際、いったん宿泊費用などの申請書を作成して会社に提出する必要があります。

調べるべき現地情報

相手先の情報

名称（社名）
住所、連絡先
最寄駅からの経路
到着までの所要時間

宿泊施設

名称
住所、連絡先
宿泊費

地域の情報

天候
交通機関の運行状況
道路状況

スケジュール

相手先到着時刻
宿泊施設到着時刻
本社帰社時刻

移動するとき

上司や関係者が同行する場合は、乗り物内での席次（161ページ参照）に気を配りましょう。

車内では仮眠をとってもかまいませんが、打ち合わせの進行についてイメージを固めたり、日程を確認したりしておくことが大切です。新聞や本を読んで、訪問先での話題を探すのもよいでしょう。

ワンポイント

手土産を用意する

訪問先で渡す手土産を現地で調達するのは失礼です。必ず出発前に調達しておきましょう。
職場で配りやすいように個包装で日持ちのするものが適していますが、長持ちするからといってあまりに安いものを選ぶのは避けましょう。

上司に報告する

出張中は、少なくても毎日1回は上司に連絡し、用件の進捗状況について報告しましょう。

帰社後は、口頭もしくは文書で結果を報告します。訪問先や打ち合わせの結果などを簡潔に伝えましょう。出張には交通費や宿泊費などのコストがかかります。単なる感想を言うのではなく、具体的な出張成果がわかるように上司に報告しましょう。

帰社後にすること

- 訪問先にお礼のメールを送信
- 交通費、宿泊費などの精算（領収書添付）
- 上司に報告（報告書の作成）
- 不在中の出来事について周囲に確認

Column

新入社員の悩み＜接客・訪問編＞

会社にとって、社員の人脈はそのまま会社の宝となります。それだけに、会社では出会う人すべてに礼儀正しくし、良好な人間関係を築いていく必要があります。ここでは接客や訪問に関する新入社員の悩みを紹介します。

お客様にお茶を出したら、一瞬で飲み干してしまった

本題が始まる前であれば「よろしければ、おかわりをお持ちしましょうか？」と相手に聞きます。おかわりを勧めるのは１回のみでかまいません。

約束の時刻通りに相手先に行ったら不在だった

まずは相手の携帯電話に電話をかけます。電話がつながらないようであれば受付係か、目的の相手と同じ部署の人に名刺を渡し、自分が訪問したことを伝えてもらうように頼みましょう。

客先では率先して会話したほうがよいか

上司や先輩に同行しているのであれば無理に話す必要はありません。それよりも、上司や先輩がどのように打ち合わせを進めるのかをよく見ておいたほうがよいでしょう。

お酒が飲めない体質だが、宴席ではどうふるまったらよいか

誘いを受けた時点で、お酒が飲めないことを相手に伝えておくようにします。飲めないことを理由に宴席を断るのは、自分だけではなく会社にとってもマイナスになるので、お酒が飲めなくても楽しく時間を過ごせるよう、常に話の種《たね》を探しておくとよいでしょう。

第8章

冠婚葬祭のマナー

Keyword

- 慶事／弔事
- テーブルマナー
- 祝儀／香典
- お中元／お歳暮
- 祝電／弔電
- 式典

礼節を重んじ、常識ある行動をとる

冠婚葬祭の基礎知識

会社の代表として、また一社会人としてふさわしい行動をとり、礼節ある態度を心がけましょう。

冠婚葬祭の基本的な考え方

目　的

- 慶事（お祝いごと）や弔事（お悔やみごと）を通じて交流を深め、礼節ある態度を示す
- 一個人として、どれだけ相手を敬い、気遣うことができるかを示す

心　得

❶相手（顧客）の立場に立つ

- 礼儀やしきたりを重んじた行動をとり、相手に敬意を払う
- 脇役に徹する

❷周囲の状況を察する

- 相手（顧客）の様子をよく観察し、気持ちをくみ取る
- 適切なタイミングで必要とされていることを行う

❸ブランドイメージを向上させる

- 礼儀正しい態度を心がける
- 「さすが」と言われる対応を目指す

冠婚葬祭の意味

結婚式や通夜、葬儀などの冠婚葬祭は、社会人としての常識を備えているかが問われるイベントであるため、マナーを守って行動することが重要です。

会社の関係者の結婚式などに出席することになった場合は、今後の取引によい影響を与えるために、会社の代表として恥ずかしくない態度をとりましょう。

マナーを知らずに誤った行動をとると、自分の非常識を露呈するばかりではなく、会社の品格を疑われたり、相手の気分を害したりする可能性もあります。

冠婚葬祭の種類

冠
人生における節目のお祝いごと

成人式
就職祝い
長寿のお祝いなど

婚
婚礼の儀式

婚約（結納）
結婚式
披露宴など

葬
亡き人を弔う儀式

通夜
葬儀
告別式など

祭
四季折々の年中行事

花見
端午の節句
お中元
お歳暮など

会社の常識！

慶事と弔事が重なったときは、基本的に弔事を優先します。慶事の招待者には、やむを得ない事情で欠席すると伝え、後日、理由を説明しましょう。
宗教や宗派によっては作法が異なる儀式もあるので、それぞれのマナーを確認しておきましょう。

こんなときどうする？

Q 出席できないときはどうすればよい？

A できるだけ早く相手に伝え、出欠票があれば返送し、なければ電話で連絡しましょう。

Q 冠婚葬祭のイベントに参加するために会社を休むときはどうすればよい？

A 上司に相談し、許可を受けてから休暇を申請します。周囲にも連絡し、緊急の仕事は同僚などに引き継いで対応してもらうようにします。

慶事のマナー

相手のお祝いごとを祝福する

相手のお祝いごとに心から喜ぶとともに、マナーを守った行動をとり、よい印象を与えましょう。

招待を受けてからの流れ

慶事には結婚式や創立記念日のほか、社員の昇進や就任などがあります。重要なイベントの場合には式典に出席したり、お祝いの品を贈ったりしますが、電話やメールなどでお祝いを述べるだけの場合もあります。

発言や文書では、縁起が悪いとされる言い方やふるまいがあるので特に注意しましょう。

注意

部署異動に注意

個人の部署異動では、栄転かそうでないかの判断を上司に仰ぎ、対応方法を決めます。

栄転でない場合、お祝いをすることが逆に失礼になることがあります。

慶事の種類

（例）

創立記念日

会社の存続を祝い、今後の発展を願う

- **取引先の場合**

式典への出席や贈り物などで相手にお祝いの気持ちを伝え、ビジネスパートナーとしての関係を確認する

- **自社の場合**

祝意を示してくれた取引先に感謝し、丁寧に対応する

結婚式

新郎または新婦が属している会社に対し、祝意を示す

- **取引先の場合**

きちんとした服装で出席し、新郎新婦を祝福することで、相手によい印象を与える

- **自社の場合**

相手を丁重にもてなし、取引の継続につなげる

お祝い品の選び方

本人の希望に沿ったものか、複数あっても困らないものを選ぶ

結婚祝い	出産祝い	新築祝い	昇進、栄転祝い	快気祝い	退職祝い
調理器具、食器、写真立てなど	子供服、前掛け、おもちゃなど	時計、食器、インテリアなど	万年筆、財布、ネクタイなど	菓子折りなど	旅行券、商品券など

祝電の打ち方

依頼先の例

- 局番なしの115
- NTT支局や営業所
- 郵便局

(文面の例)

華燭のご盛典をお祝いいたしますとともに、お二人の新しい門出にあたって、ご多幸とご健康をお祈りいたします。

招待状への返信方法

招待状に返信用はがきが同封されている場合は、遅くとも招待状の到着から1週間以内に返送します。

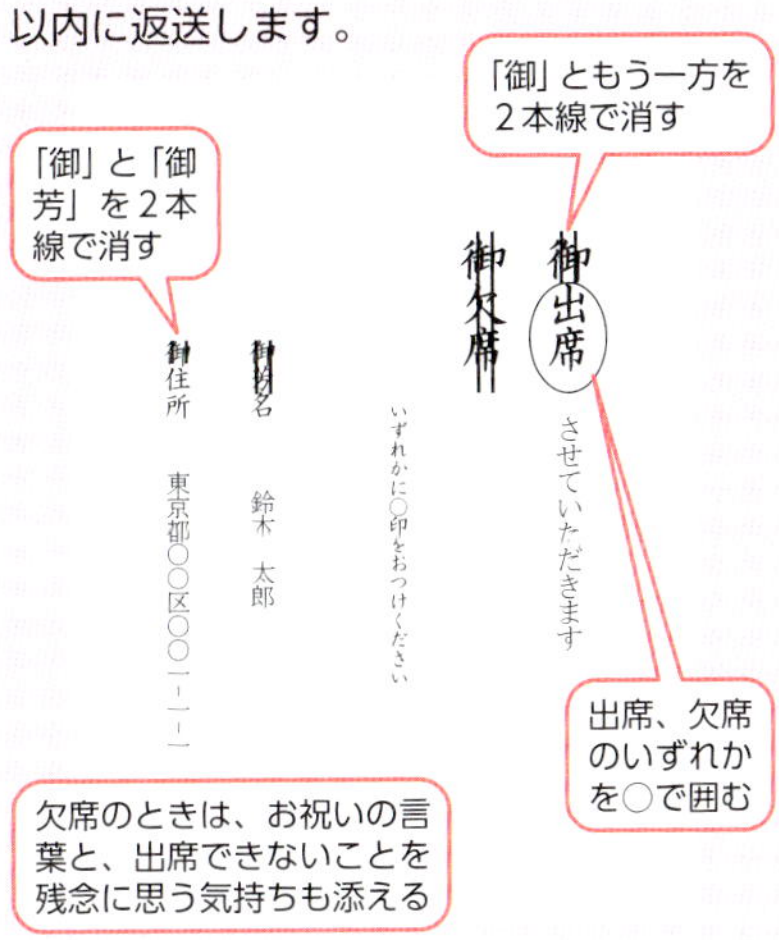
「御」ともう一方を2本線で消す
「御」と「御芳」を2本線で消す
御出席
御欠席
させていただきます
いずれかに○印をおつけください
御芳名 鈴木 太郎
御住所 東京都○○区○○一-一-一
出席、欠席のいずれかを○で囲む
欠席のときは、お祝いの言葉と、出席できないことを残念に思う気持ちも添える

祝儀袋とお祝い品の基本

結婚祝いの金額

自分の年齢	金額
20代	2～3万円
30代	3万円
40代	3万円

- 数字が分かれる(半分に「別れる」)金額は縁起が悪いため一般的にはお札の枚数が奇数になるようにするが、2(ペア)や8(末広がり)などであればよい場合もある
- 内封筒に入れてから祝儀袋に入れる

注意 4名以上でご祝儀を贈る場合、代表者以外の名前は内封筒に記載する

祝儀袋の選び方

状況	水引き	表書き
結婚	結び切り(金銀または紅白)	寿
結婚以外	蝶結び	御祝、御中元、御歳暮、御年賀

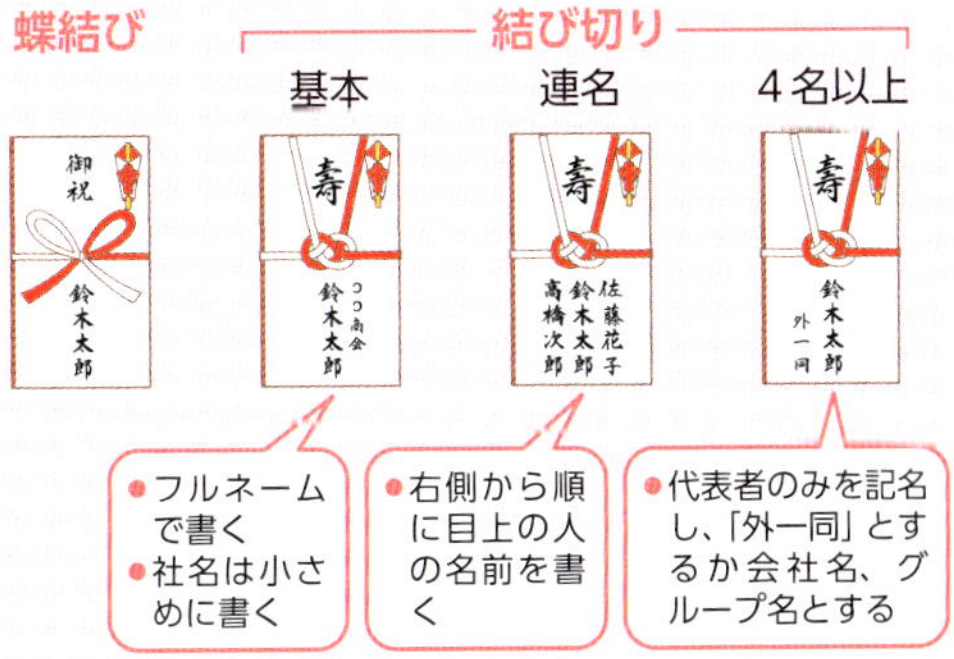
蝶結び
御祝
鈴木太郎
結び切り
基本
寿
○○商会
鈴木太郎
連名
寿
佐藤花子
鈴木太郎
高橋次郎
4名以上
寿
鈴木太郎
外一同
●フルネームで書く
●社名は小さめに書く
●右側から順に目上の人の名前を書く
●代表者のみを記名し、「外一同」とするか会社名、グループ名とする

スマートなふるまいで会場に花を添える
パーティーや接待でのマナー

会場の雰囲気に合わせてふるまいながら、楽しい会話でビジネスチャンスを広げましょう。

結婚披露宴での身だしなみ（男性編）

当日の流れ

（披露宴の例）

❶受付であいさつ
↓
❷祝儀袋を渡して記帳
↓
❸本人や家族にあいさつ
↓
❹着席前に同席者にあいさつ
↓
❺乾杯、食事、歓談
↓
❻退場時に新郎新婦にあいさつ

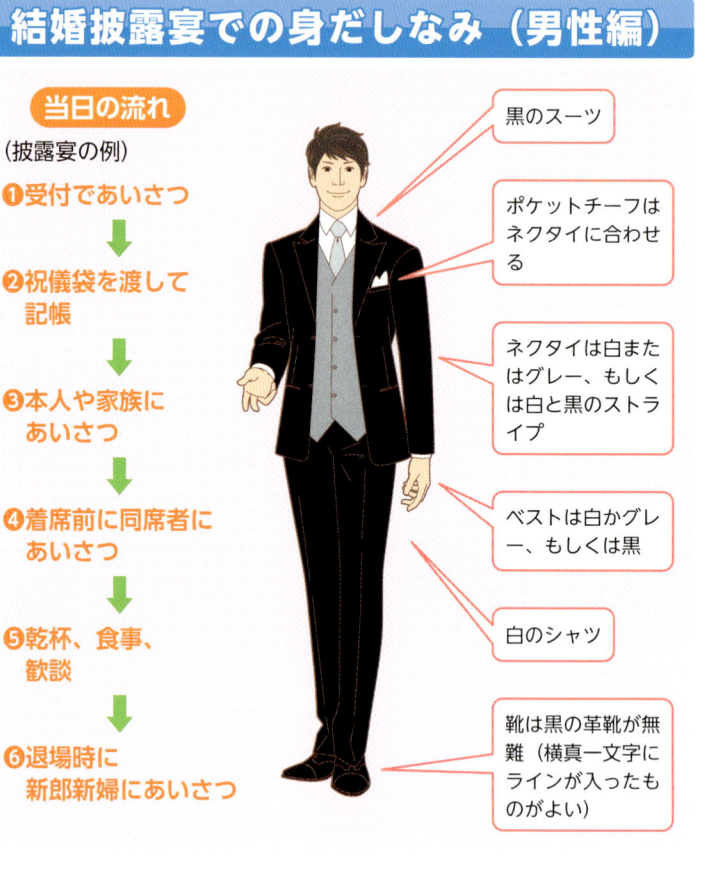

黒のスーツ
ポケットチーフはネクタイに合わせる
ネクタイは白またはグレー、もしくは白と黒のストライプ
ベストは白かグレー、もしくは黒
白のシャツ
靴は黒の革靴が無難（横真一文字にラインが入ったものがよい）

パーティーに参加するとき

仕事の関係者が催したパーティーの場合は、仕事の一環という意識をもち、服装やふるまいに気をつけましょう。

ただし、仕事の場とは異なるので、積極的に名刺交換をすることなどは避け、チャンスがあれば「恐れ入りますが、お名刺を交換させていただけますでしょうか」などと声をかけて人脈を広げましょう。

立食形式の場合は人との接触に気をつけ、飲み物のグラスが空いている人には「おかわりはいかがですか」などと声をかけましょう。

結婚披露宴での身だしなみ（女性編）

アクセサリーはパールが無難
昼間はワンピースやスーツ
午後４時以降は、肩や胸元が開いたものや光沢のある服でもよい
バッグは布製のもの（爬《は》虫《ちゅう》類革は避ける）
服装に合わせた靴　つま先のあいていないパンプスが無難

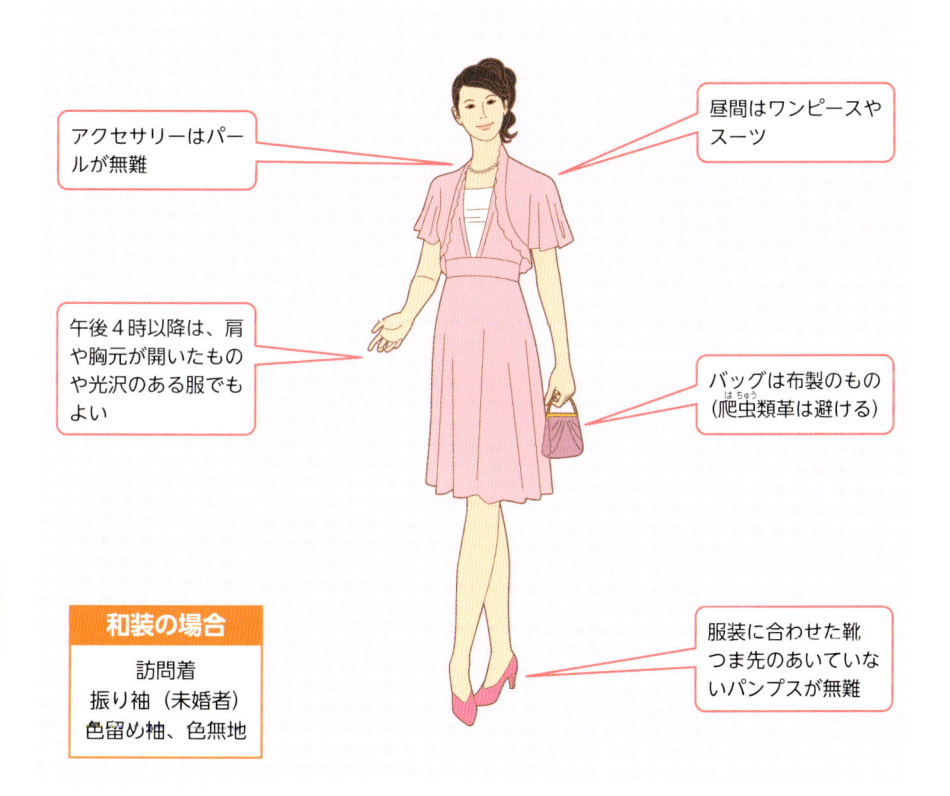

和装の場合

訪問着
振り袖（未婚者）
色留め袖、色無地

接待に参加するとき

接待は仕事の一環ですので、スーツを着用し、名刺も持参します。

接待の主役は相手なので、頼まれる前に飲み物の注文をとり、お酌をするなど、相手が気持ちよく過ごせるように配慮しましょう。

会話では社内事情やほかの取引先の悪口は言わず、楽しい話題を提供するように心がけましょう。

接待での注意点

- 待ち合わせの時間は厳守
- 手土産は花束やお菓子が一般的
  移転のあいさつなどであれば、観葉植物などでもよい
- 名刺を忘れない
- 関係者の名前や会社名、役職をあらかじめ確認しておく

テーブルマナーの基本

ルールを守って楽しい時間を過ごす

料理によってテーブルマナーは異なります。それぞれの違いを把握し、適切にふるまいましょう。

テーブルマナーの基本

食　後

ナイフとフォークは利き手側にそろえて置く

中座するとき

ナイフとフォークは「ハ」の字になるようにして置く

基本的な置き方

ナイフやフォーク、スプーンは外側から順に使う

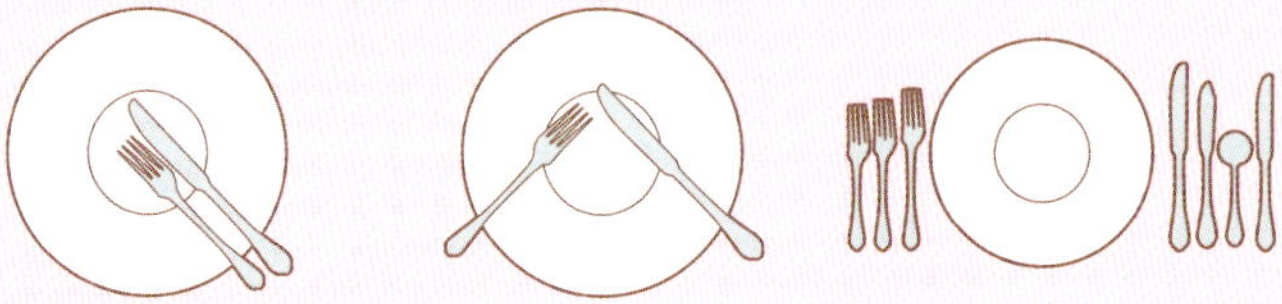

座　席　（❶から順に上座）

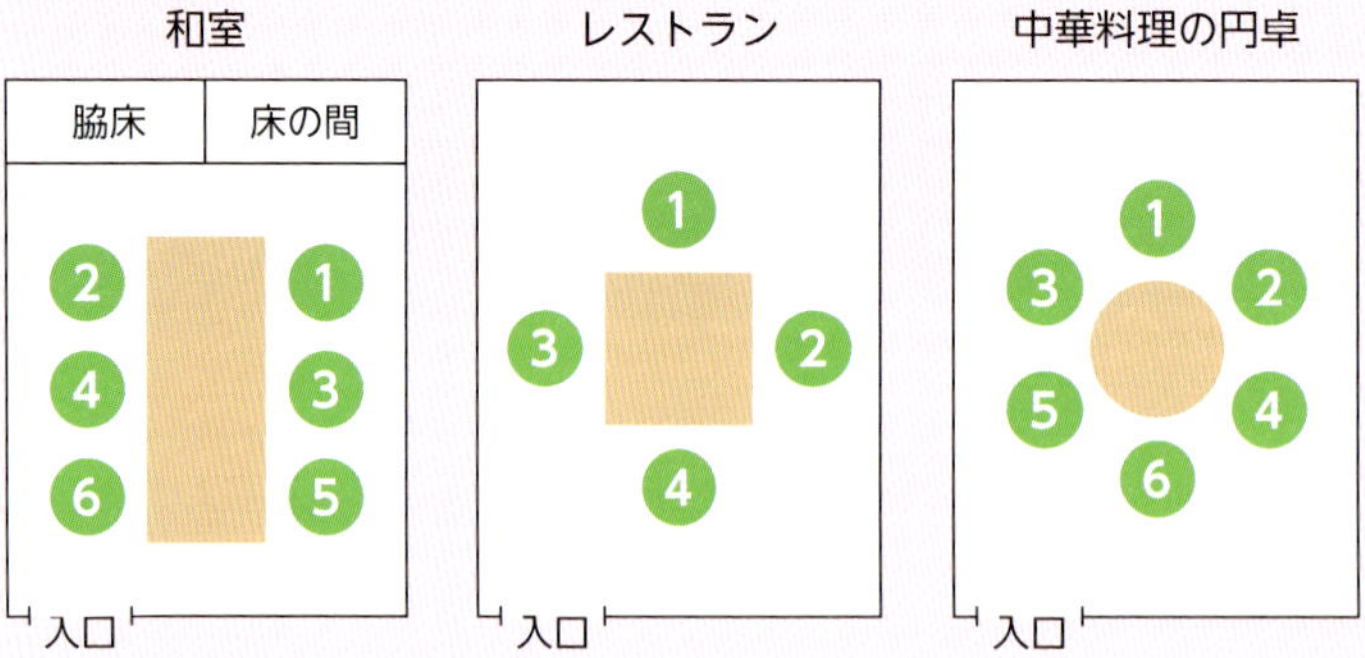
和室
脇床
床の間
1 2 3 4 5 6
入口
レストラン
1 2 3 4
入口
中華料理の円卓
1 2 3 4 5 6
入口

テーブルマナーの重要性

パーティーなどでは会場に合った席次で座り、適切なテーブルマナーで食事をしましょう。襟元を極端に緩めたり前かがみになったりすると周りからの印象が悪くなります。料理は頬張らず、ものを噛むときは口を閉じます。食器の音も極力立てないようにしましょう。

注意

料理を皿にとり分けるときは、複数の種類を少量ずつとりましょう。

ワインを注いでもらうときにグラスに触れたり、落ちた食器を自分で拾ったり、中座するときにナプキンをテーブルの上に置くのはNGです。

食器が落ちたら店員に拾ってもらい、中座するときはナプキンを自分のいすの上に置きましょう。

お酒の割り方

焼酎やウイスキーは水やお湯などで割って飲むのが一般的です。

（例）

焼酎

焼酎４：水またはお湯６

ウイスキー

ソーダ割り
　ウイスキー１：ソーダ３

水割り
　ウイスキー１：水２

食器の持ち方

立食の場合

握手のために右手を空けておき、左手ですべてを持つ

ナイフ・フォーク

右手でナイフを、左手でフォークを持つ

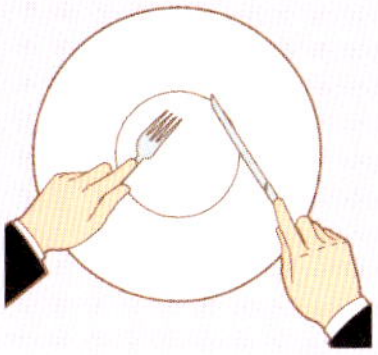

お酒の注ぎ方

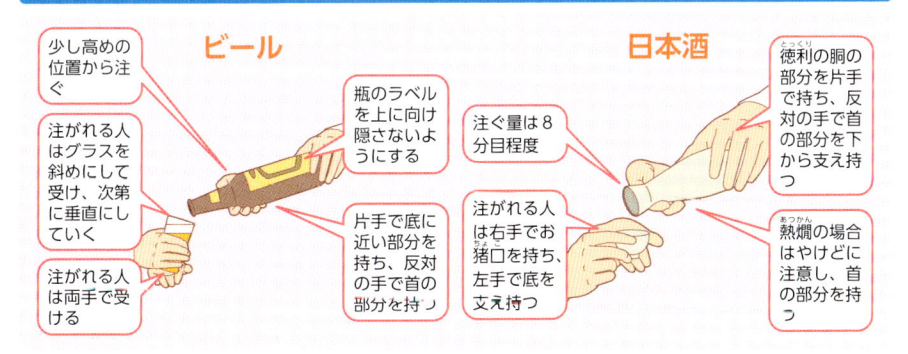

ビール

少し高めの位置から注ぐ

注がれる人はグラスを斜めにして受け、次第に垂直にしていく

注がれる人は両手で受ける

瓶のラベルを上に向け隠さないようにする

片手で底に近い部分を持ち、反対の手で首の部分を持つ

日本酒

注ぐ量は８分目程度

注がれる人は右手でお猪口《ちょこ》を持ち、左手で底を支え持つ

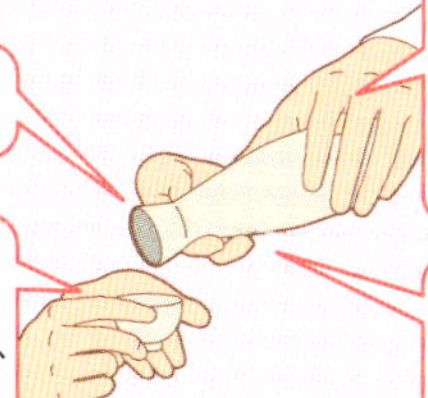

徳利《とっくり》の胴の部分を片手で持ち、反対の手で首の部分を下から支え持つ

熱燗《あつかん》の場合はやけどに注意し、首の部分を持つ

注意が必要なマナー

箸の誤った使い方

差し箸

料理に箸を突き刺して食べること

ねぶり箸

箸についたものをなめとること

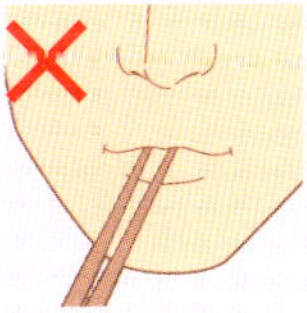

箸渡し

箸と箸で料理の受け渡しをすること

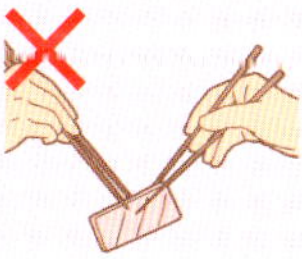

立て箸

ご飯に箸を突き立てること

渡し箸

皿の上に箸を渡して置くこと

訃報への対応

悲しみに配慮し、相手を気遣う

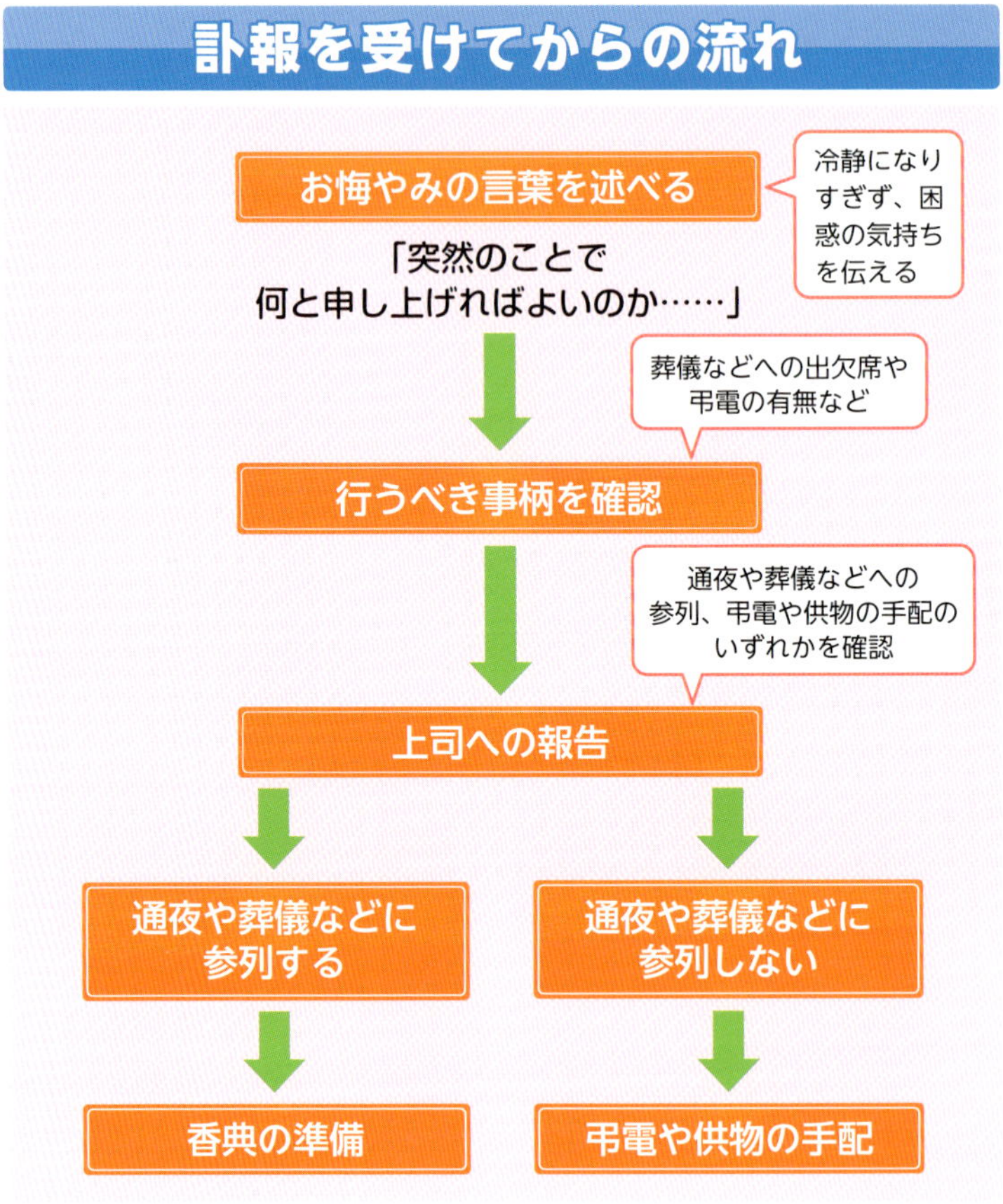
訃報を受けてからの流れ
お悔やみの言葉を述べる
冷静になりすぎず、困惑の気持ちを伝える
「突然のことで何と申し上げればよいのか……」
葬儀などへの出欠席や弔電の有無など
行うべき事柄を確認
通夜や葬儀などへの参列、弔電や供物の手配のいずれかを確認
上司への報告
通夜や葬儀などに参列する
通夜や葬儀などに参列しない
香典の準備
弔電や供物の手配

訃報には慎重な対応が必要です。事務的にならず、相手の気持ちに配慮した対応をしましょう。

訃報を受けたとき

訃報を受けたら、連絡をもらった相手にお悔やみの言葉を伝え、通夜や葬儀、告別式の日程や、会場、連絡先、喪主の氏名、宗教・宗派などをメモします。

会社からの手伝いが必要かどうかも尋ね、聞き取った内容はすべて上司に報告します。関係のある取引先などにも連絡し、問い合わせがあった場合には口頭ではなく文書やFAXで情報を伝えましょう。

通夜か告別式か、いずれかに参列すればかまいませんが、参列できない場合は弔電や供物の手配が必要です。

注意

弔電の手配、葬儀や告別式への参列、供物の準備、遺族への連絡などは、会社の許可を得てから行います。
また、弔電を打つときは、繰り返しを意味する「まだまだ」「再三」、直接的な表現である「死去」などを使わないように注意しましょう。
仏教以外で「冥福」「成仏」「合掌」を使ったり、キリスト教で「哀悼」「お悔やみ」を使ったりするのは避けましょう。

弔電の打ち方

弔電は葬儀の前日までに喪主のもとに到着するよう手配し、併せて現金書留で香典も送ります。

依頼先

「祝電の打ち方」（175ページ参照）と同様

（文面の例）

突然の悲報に接し、驚愕しております。謹んでご冥福をお祈りいたします。

香典の用意

形式

宗教	表書き	水引き
各宗教共通	御霊前	黒白または双銀の結び切り
仏式	御香典、御香料など	黒白または双銀の結び切り
神式	御神前、御玉串料、御榊料	黒白か双白、または双銀の結び切り
キリスト教式	御花料、御ミサ料など	十字架などをかたどった袋

（例）

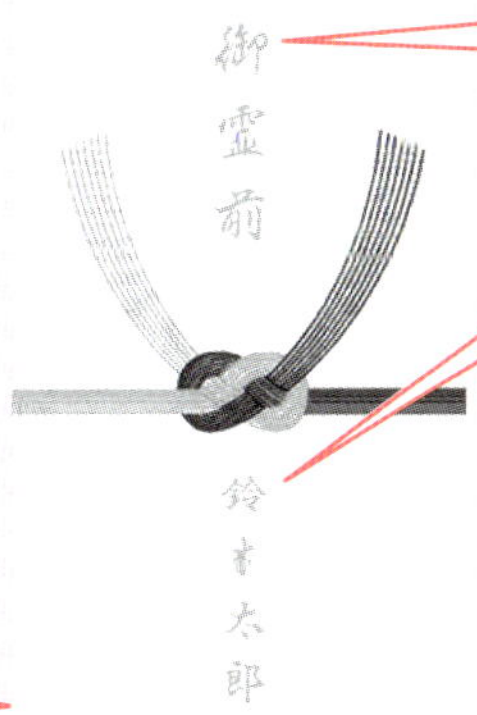
御霊前
新札ではないほうがよいが、新札しか持ち合わせていない場合は折り目をつけてから封入
持参時はふくさに包む（ふくさがない場合はグレーや紺、紫など地味な色の小さめの風呂敷でもOK）
蓮の花が描かれているものは仏式のみに使用
文字は薄墨で記載
名前はフルネームで記載
金額は3,000円程度が目安だが、相手との関係や自分の年齢、地域によって多少異なる

故人をしのび、節度のある行動をとる

通夜・告別式でのふるまい

通夜や告別式に急きょ参列することになったときでも対応できるように、基本を押さえましょう。

通夜や告別式での身だしなみ

白の
ハンカチ
薄めのメイク
マニキュアはとる
結婚指輪とパー
ル以外のアクセ
サリーは外す
光ったり透けた
りしないシャツ
黒のスーツか、
地味なワンピ
ース
靴やストッキ
ングは黒
黒無地の礼服
白無地の
ワイシャツ
黒いネクタイ
タイピンは不要
華美な腕時計や
カフスは外す
バッグは布製の
もの（爬虫《はちゅう》類革
は避ける）
靴や靴下は黒

通夜や告別式でのふるまい

通夜や告別式では、慎重な行動や態度が求められます。時間厳守はもちろんのこと、相手を気遣った発言をするように心がけましょう。

勤務先から駆けつけた場合はスーツでもかまいませんが、男性の場合は黒のネクタイに替えます。

会社の常識！

急な事態に備え、普段から白無地のワイシャツ、黒いネクタイやストッキング、白いハンカチ、数珠、ネイルリムーバーなどをロッカーに準備しておくとよいでしょう。シワにならないように気をつけて保管します。

焼香の方法

（例）

❶祭壇の数歩手前で遺族と僧侶に一礼したあと、霊前に進み遺影に深く一礼

↓

❷数珠を左手にかけ、右手の親指と人さし指と中指で抹香をつまんで目の高さあたりまでおしいただき、香炉にくべる

※参列者が多い場合は１回のみでよいが、そうでない場合は３回行う

↓

❸遺影に合掌をし、数歩下がってから遺族と僧侶に一礼

当日の流れ

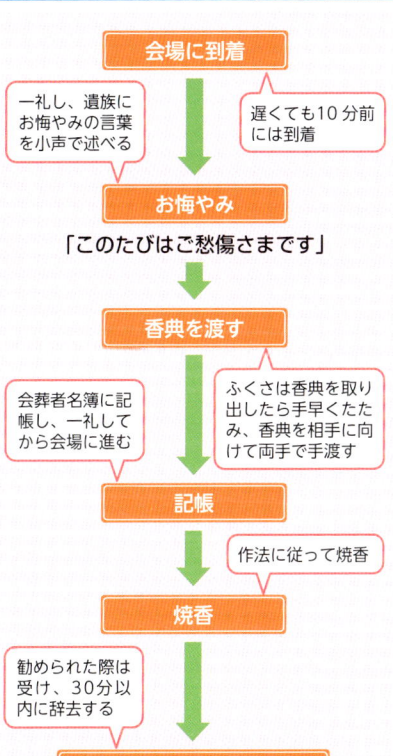

会場に到着
- 遅くても10分前には到着

↓

- 一礼し、遺族にお悔やみの言葉を小声で述べる

お悔やみ

「このたびはご愁傷さまです」

↓

香典を渡す
- ふくさは香典を取り出したら手早くたたみ、香典を相手に向けて両手で手渡す

↓

- 会葬者名簿に記帳し、一礼してから会場に進む

記帳

↓

- 作法に従って焼香

焼香

↓

- 勧められた際は受け、30分以内に辞去する

通夜ぶるまい（精進落とし）

ワンポイント

遺族との会話

会場で遺族と顔を合わせたらお悔やみを述べますが、探してあいさつをする必要はありません。必要以上に話しかけるのは迷惑です。

故人については「お父様」「お母様」「ご子息様」「ご息女様」などと呼びます。

こんなときどうする？

Q 上司の代理で参列することになった……

A 会場に到着して遺族にお悔やみを述べたら、「本来なら○○が伺うところでございますが、あいにく出張中でございますので○○に代わりましてごあいさつに伺いました」などと、代理であることを伝えましょう。

会葬者名簿には自社名と自社住所、参列するはずだった上司の部署名と名前を記帳し、その脇に小さく「代」と書き添えます。

贈答品のマナー

相手が喜ぶ品物を贈り、感謝の気持ちを伝える

日ごろお世話になっている相手には、感謝の気持ちを込めてお中元やお歳暮を贈りましょう。

贈答品の基本

お中元やお歳暮など、季節の贈答品は、日ごろお世話になっている相手に感謝を込めて贈るものです。相手の好みに合わせ、適切な時期に贈りましょう。お中元とお歳暮は両方贈るのがマナーですが、もし一方のみ贈る場合はお歳暮にしましょう。

一般的なお中元とお歳暮

取引先には個包装になっているものを選ぶと、社内で分けやすくなるため喜ばれます。
個人に贈る場合は家族構成を確認し、個数を考えて贈るとよいでしょう。

お中元　贈る時期：7月初旬～8月15日くらいまで

- 果物
- ビール
- ゼリーなどのデザート
- そうめん、冷麦
- 商品券
- カタログギフト　など

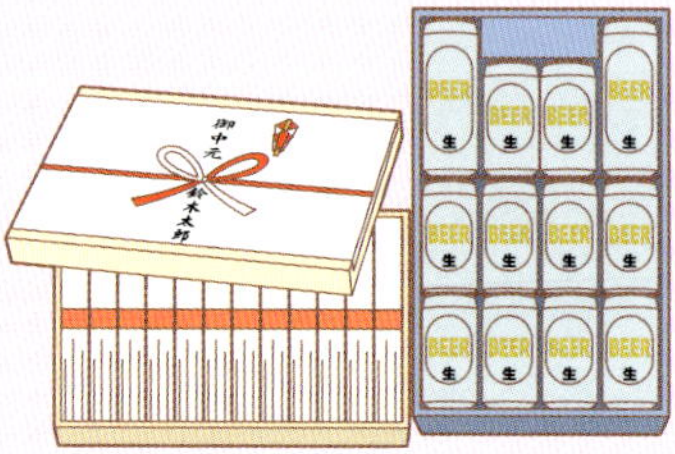

お歳暮　贈る時期：12月初旬～20日まで

- ハムなどの食肉加工品
- 日本酒、ビール
- 食用油
- 洋菓子
- 商品券
- カタログギフト　など

会社の常識！

自分がお中元やお歳暮をもらったら、まず上司に報告し、受け取ってよいかを確認したうえで、すみやかに礼状を贈ります。お返しの品は必要ありませんが、贈りたい場合は時期をずらして残暑見舞い、寒中見舞いなどとして贈るとよいでしょう。

のし紙をかける

お中元やお歳暮には、水引きとのしの入った、のし紙をかけて贈るのが一般的です。

のし紙の上段中央には、表書きとして「御中元」か「御歳暮」のいずれかを記載します。下段には表書きの文字より小さく贈り主の氏名を記載します。正式には毛筆を用いて書きますが、筆ペンやサインペンでもよいでしょう。書体は崩さず、楷書体で書きます。水引きを結ぶときは濃い色が右に、薄い色が左になるようにします。金銀や金赤の場合は金を右にします。

のし紙の書き方

毛筆か筆ペンで書く
贈り主の名前は表書きよりもひと回り小さめ
楷書体で書く
御中元
鈴木太郎
水引きは紅白蝶結び
特別な場合には金赤や金銀も可
注意
結び切りは「二度と繰り返さない」という意味になるのでNG

ワンポイント

贈る前に上司へ確認

会社によっては、お中元やお歳暮の発送を一括で手配している場合もあります。

取引先などに贈りたい場合は勝手に手配することは避け、前もって上司に相談しましょう。

こんなときどうする？

Q 受け取ってもらえなかった……

A 規則により贈答品を受け取れない会社もあります。その場合は無理に渡さず、持ち帰ります。贈ってもよいかどうか、あらかじめ確認しておくとよいでしょう。

Q 喪中の相手に贈ってよい？

A 基本的には問題ありませんが、不幸の直後であれば暑中見舞いや寒中見舞いの時期にずらしたり、のし紙を簡素にしたりして相手に配慮しましょう。

社内行事への参加

積極的に参加して社員同士の親睦を深める

式典などの社内行事には積極的に参加し、自社のしきたりや雰囲気を感じとりましょう。

社内行事の主な種類

式典

創立記念日
休日としている企業もある

入社式
４月に行う場合が多い

仕事始め
年明けに、その年の安全などを祈って行われる

仕事納め
一年の締めとして宴会などが催される場合がある

就任式
社員の役職就任の儀礼

レクリエーション

歓送迎会
新入社員を迎えたり、退職者を送り出したりする

新年会
年明けに催す宴会

忘年会
年末に催す宴会

社員旅行
社員のリフレッシュと交流を兼ねて行われる旅行

社内行事の意義

社内行事は、普段接することのない上司や先輩、同僚などとも会話ができ、仕事のことだけではなくプライベートについても話せる貴重な機会です。積極的に参加して交流を図りましょう。

式典は、就業時間内に行われるので業務の一環です。姿勢を正して臨みましょう。また、次回スムーズに行動できるよう、段取りを覚えておくのも重要です。

レクリエーションなど、自由参加のものも積極的に参加して情報交換をし、会社の雰囲気に慣れるように努めましょう。

式典でのふるまい

式典では服装が決められている場合があります。社章や従業員章などが必要なときは忘れずに身につけましょう。

入社式がある会社では、新入社員にあいさつをさせる場合があります。当日に指示されても対応できるよう、あらかじめ言うべきことを考えておきましょう。

あいさつの例

姿勢を正し、大きな声ではっきりと笑顔で話しましょう。

> マナー大学出身の鈴木太郎と申します。大学では現代におけるマナーの意義について研究してまいりました。早く皆様に追いつけるよう、努力してまいります。どうぞよろしくお願いいたします。

※歓迎会などでは個人的なことも付け加えれば、顔を覚えてもらいやすくなります。

社員旅行に参加する

日帰りや泊まりでの社員旅行に参加する場合は、同じメンバーと長時間、行動をともにすることになります。日常業務では経験できないことを一緒に経験することで、お互いに親近感をもつことができます。帰社後の仕事がスムーズになるように、積極的に上司や先輩に話しかけてみましょう。

ワンポイント

全員に気を配る

団体行動中はほかのメンバーの様子をよく観察し、飲み物はいらないか、休憩が必要かを尋ねるなどして、全員が気持ちよく過ごせるように心がけましょう。また、積極的に写真係を引き受けるなどして、具体的な記録に残しておくと、会社に戻ってからの話題にもなります。

会社の常識！

宿ではお酒を飲むこともありますが、羽目を外さないように注意しましょう。

備品を壊したり周りの人に迷惑をかけたりすると、誰かが思わぬけがをするなどして自分一人の問題ではなくなったり、会社の信用の失墜につながったりすることもあります。

これ以上飲めないと感じたら、上司からお酒を勧められても絶対に飲んではいけません。場の雰囲気を壊さないことも大事ですが、それよりも自分の体を最優先にしましょう。

注意

早めに欠席の連絡をする

予約内容の変更はお店からの印象が悪くなる場合もあるので、なるべく避けるべきですが、どうしても欠席しなければならないときは、早めに主催者に連絡しましょう。

予約人数に変更があると、キャンセル料が発生する場合もあるので、ほかの社員に代金を負担させることにもなりかねません。

Column

便利な名刺管理のコツ

名刺は社会人の必須アイテムです。多くの人と出会えば出会うほど名刺はどんどん増えていくので、名刺交換後はしっかりと管理し、必要なときにすぐ取り出せるようにしておくことが必要です。

ここでは代表的な名刺管理術を紹介するので、自分にあったやり方を見つけてみてください。

専用の名刺管理ファイルなどで現物を管理

相手から受け取った名刺を、市販の名刺ファイルやフォルダ、ボックスで管理します。名刺を収納する際には、相手と会った日付や相手の特徴などをメモしておくと、次に会ったときもスムーズにコミュニケーションをとることができます。「50音順にする」など収納する際のルールを決めておかないと目的の名刺がすぐに見つからなかったり、管理する枚数が増えた場合に新たな保管場所が必要になったりするなど、不便な点もあります。

名刺をカメラで撮影し、画像データとして管理

スマートフォンなどの携帯端末で名刺を撮影し、画像データとして管理します。携帯端末の記憶容量が許す限り、何枚でも保存できます。社内にスキャナがあれば、名刺をスキャンしてデータ化してもよいでしょう。

スマートフォンの名刺管理アプリでデータ管理

インターネット上には無料で使える名刺管理アプリがあります。クラウドで名刺データを保管すれば、携帯端末の容量を気にせずに名刺管理をすることも可能です。ただし、誤送信やデータ削除には十分注意しましょう。

索引

手土産……153, 169, 177
伝言……97, 98, 104
添付ファイル……122, 125, 129
電報……120
電話……21, 29, 30, 62, 69, 75, 96, 98, 102, 116, 142, 149, 150, 154
ドア……151, 155
トイレ……36
頭語……133, 134, 140
時計……16, 18, 20
トラブル……44, 60, 65, 68, 99, 120, 126, 142, 147
取り次ぎ……98, 100, 150

な

ネクタイ……16, 17, 146, 176, 182
年賀状……139
年次有給休暇……43
納期……53, 69
ノーメイク……19
のし紙……185

は

パーティー……176, 178
はがき……138
箸のマナー……179
パソコン……30, 32, 38, 56
発声……76, 97
発注書……119, 120, 132, 137
話し方……76, 78
ハラスメント……46, 69
パワハラ……46
反論……87
ヒアリング……111, 112
美化語……92
引き出し……31
ビジネスコミュニケーション……14, 58, 74
ビジネス文書……62, 118, 120
ビジネス用語……93
筆記具……20, 31, 72, 149
ひな形……129
表情……15, 18, 77
ファイル……39, 125
封書……138, 141
フォーマット……129
フォルダー……39
フォロワーシップ……29
福利厚生……43, 51
部署……42
普通礼……154
訃報……180
無礼講……166
プレーンノット……17
文語（書き言葉）……119
文書……62, 114, 118, 120, 126
弁解……112
返事……92
報告……52, 54, 57, 58, 60, 68, 77, 169
報告書……119, 120, 126, 130
訪問……146, 148, 152, 162
報連相……52, 58

ま

見送り……150, 162
水引き……175, 181, 185
身だしなみ……14, 16, 18, 176, 177, 182
見積書……119, 120, 132, 137
メイク……19, 182
名刺（入れ）……20, 146, 149, 156, 168, 188
名刺交換……153, 156
メーリングリスト……123
メール……45, 62, 69, 75, 112, 118, 122, 124, 141, 149, 163, 169
メモ……20, 53, 55, 82, 96, 98, 99, 108, 149
持ち物……20
喪中……185

や

役職……42
優先順位……54
予約……165, 169

ら・わ

離席……40
立礼……154
リフレッシュ……25, 41
領収書……167, 169
稟議書……119, 126, 130
レイアウト……30, 121, 128, 138
レクリエーション……186
連絡……54, 58, 62, 65, 169
廊下……36
和装……177

香典 181
効率化 31, 54
顧客 50, 79, 88, 147, 172
告別式 182
コスト意識 5, 29, 51, 109, 114, 168
断る 84, 86, 101
コピー 29, 56
コンプライアンス 34, 38, 40, 44, 107

さ

財形貯蓄制度 43
催促 84, 87
再発防止策 68, 113, 126
雑務・雑用 54, 56
座礼 155
残業 22
産前産後休業 43
シークレットモード 107
式典 186
時候 133, 135
自己研鑽 25
自己紹介 159
指示書 120
視線 28, 77, 80, 155
叱責 70
質問 29
始末書 126, 131
下座 160
社員旅行 187
社外文書 118, 132
社会保険 43, 51
謝罪 69, 111, 112, 142
シャツ 16, 17, 18, 26, 176, 182
社内行事 186
社内文書 119, 126, 130
祝儀袋 175
収支報告書 167
収納グッズ 30
祝電 120, 175
出社 16, 56
出張 168
シュレッダー 38, 39
照会文書 137
焼香 183
招待状 175
私用電話 106
省略表記 133, 134
書類 38
資料 31, 65, 66, 146, 148, 149, 168
人物紹介 158
スーツ 17, 26, 176, 182
スケジュール 55, 148, 169
スマートフォン 20, 34, 106, 109, 157, 188
請求書 120, 132
整理整頓 30
セールス電話 101
席次 65, 160, 166, 169, 178
セクハラ 46
接客 146, 148, 150, 160, 162
接待 176
設定変更 33, 107
説得 78
前文 135
送信書 114
早退 62
相談 47, 54, 58, 63, 110, 112, 185
贈答品 184
送付状 136
創立記念日 174, 186
尊敬語 88, 91

た

第一印象 15
退社 22, 24
退出・退室 155, 162
タイミング 81, 140, 142, 155, 157
託児サービス 43
他己紹介 159
棚 31
遅刻 21, 62
中座 67, 159, 178
昼食 40
弔事 120, 172, 180
弔電 120, 181
直行・直帰 62
通勤手段 21
通達 130
爪 16, 18, 19, 182
通夜 182
手当 43
提案 78, 84, 87, 147
丁寧語 88, 92
データ 35, 38, 133
テーブルマナー 178
デジタルツール 34, 67
デスク 30

索引

数字・英字

5W1H……104
5W3H……59
6W1H……53
6W2H……104, 121, 137
Bcc……123
Cc……123
CS……51
Facebook……35
FAX……114
PDCA……52
PREP法……59
Re……124
SNS……35
To……123
ToDoリスト……23, 55
Twitter……35
USBメモリ……35

あ

あいさつ……14, 24, 28, 103, 118, 127,134, 138, 147, 162, 166, 187
あいさつ状……119, 120, 132, 136, 139
相づち……81, 83, 99
アイロン……17, 26
アクセサリー……18, 176, 182
あとよし言葉……87
アドレス帳……123
案内状……119, 120, 131, 132, 136
イエス・バット法……78, 113
育児休業……43
一筆せん……139
依頼……83, 85, 86
依頼状……119, 132, 136
印象……14, 29, 78
インターネット……33
引用符……125
受付……150, 152, 155, 176
打ち合わせ……64, 146, 149, 159
会釈……154
エレベーター……37, 151, 161, 162
宴会……24, 164, 166, 170
お祝い……174
屋上……37, 41
お酒……166, 170, 179, 187
お辞儀……154
お茶出し……147, 151, 155, 170
お中元・お歳暮……184
表書き……175, 181
折り返し……98, 100, 102, 105, 112
お礼状……119, 120, 140
お詫び状……69, 119, 120, 142
御中……139

か

会議……57, 64, 66, 109, 128, 160
会場……57, 65, 165
階段……37, 151
快適空間管理……75
快適グッズ……33
会話……74, 76, 79, 94, 166, 170, 183
書き言葉……119
拡張子……125
カバン……20, 37, 153, 177, 182
髪……16, 18, 146
上座……160
簡易書留……143
企画書……119, 126, 131
聞き方……80, 111
議事録……67, 119, 128, 130
喫煙・喫煙所……37
休業・休暇制度……43
休憩……40
給湯室……36
給与……43, 51
業務……52, 54
共有スペース……36, 37
勤務態度……28
靴……16, 18, 146, 176, 182
クッション言葉……84, 86
グループウエア……34, 62
クレーム対応……110, 112, 121
クレーム電話……101
敬語……77, 88, 93, 133, 134
慶事……120, 172, 174
携帯電話……20, 105, 106, 108, 112, 150
慶弔休暇……43
契約書……119
敬礼……154
欠勤……62
結語……133, 134, 140
結婚……172, 174, 176
謙譲語……88, 90
件名……124
交通機関……21, 35, 146, 160, 169

◉監修者紹介

株式会社クレスコパートナーズ
平成21年10月1日設立。クライアントが抱える人材マネジメントの課題に対し、教育研修、コンサルティング、調査、ツール作成など、多彩なソリューションサービスを提供する。
http://www.cresco-partners.co.jp/

内藤京子（ないとう　きょうこ）
日本航空を経て、研修講師となる。独自の研修プログラムを開発し、企業研修講師25年の実績を持つ。印象管理・ビジネスマナーに関する著作多数。

若林郁代（わかばやし　いくよ）
日本航空、ビジネス専門学校常勤講師、小・中学校英語塾主宰を経て、研修講師となる。参加者を巻き込みながらの研修が特徴で、20年以上の実績を持つ。

栗原道子（くりはら　みちこ）
日本航空などを経て、大手研修会社に19年間所属。独立後、企業研修や就職支援、エグゼクティブコーチングなどを手掛ける。BSC認定プロフェッショナルビジネスコーチ。

◉Staff
執筆協力：三河賢文（ナレッジ・リンクス株式会社）
編集協力：株式会社エディポック
カバー・本文デザイン、DTP：株式会社エディポック
イラスト：石垣辰夫、内山弘隆、桔川　伸

社会人《しゃかいじん》の常識《じょうしき》がよくわかる ビジネスマナー

2014年 2 月25日　第1刷発行
2023年12月10日　第7刷発行

監修者　クレスコパートナーズ
発行者　吉田　芳史
CTP製版　有限会社誠宏プロセス　株式会社明昌堂
印刷所　株式会社光邦
製本所　株式会社光邦
発行所　株式会社 日本文芸社
〒100-0003　東京都千代田区一ツ橋1-1-1　パレスサイドビル8F
TEL 03-5224-6460（代表）

Printed in Japan　112140201-112231129 Ⓝ07（050011）
ISBN978-4-537-21174-0
URL https://www.nihonbungeisha.co.jp/

編集担当　吉村